Hacia la Cima

7 Pasos para Ascender la Escalera

del Éxito Personal

Pedro Agüero Vallejo

Tabla de contenido

Introducción

Bienvenido a "Hacia la Cima: 7 Pasos para Ascender la Escalera del Éxito Personal", un libro diseñado para ser tu guía y compañero en el viaje hacia la realización personal y profesional. En un mundo donde el éxito a menudo parece reservado para unos pocos elegidos, este libro se propone desmitificar esa percepción, ofreciéndote herramientas prácticas y consejos aplicables que te ayudarán a alcanzar tus objetivos.

Cada capítulo de este libro representa un paso esencial en tu camino hacia el éxito. Desde descubrir y aprovechar tu potencial único, hasta aprender a comunicarte de manera efectiva, liderar con integridad y mantener un equilibrio saludable entre tu vida personal y profesional. Aquí encontrarás una combinación de lecciones de vida, estrategias probadas y anécdotas inspiradoras que ilustran cómo estas técnicas se aplican en el mundo real.

Nuestra definición de éxito es personal y evolutiva. No se trata solo de logros profesionales o acumulación de riquezas; es también sobre crecimiento personal, satisfacción y contribuir positivamente a nuestra comunidad. "Hacia la Cima" te invita a reflexionar sobre lo que el éxito significa para ti y te proporciona las herramientas para construir tu propio camino hacia él.

Este libro no es solo una lectura, sino una experiencia interactiva. Te animamos a participar activamente, aplicando los ejercicios y reflexiones propuestas en cada capítulo. Tu compromiso y disposición para explorar y aplicar estos principios serán cruciales para tu viaje personal hacia la cima.

Prepárate para embarcarte en una aventura transformadora, una que te desafiará, te inspirará y, lo más importante, te equipará con el conocimiento y las habilidades para ascender tu propia escalera del éxito personal. Estás a punto de abrir la puerta a un mundo de posibilidades: es hora de dar el primer paso.

Capítulo 1

Primer paso

Descubriendo tu Potencial

"En la profundidad del invierno,

finalmente aprendí que dentro de mí
yacía un verano invencible."

- Albert Camus

El viaje hacia el descubrimiento de tu potencial comienza con una introspección profunda y honesta. Es un proceso de desentrañar las capas de tu ser para revelar las habilidades, pasiones y talentos que yacen en tu interior. Este camino hacia el autoconocimiento es tanto desafiante como emocionante, ya que te lleva a explorar aspectos de ti mismo que quizás nunca hayas considerado.

Para empezar, reflexiona sobre tus experiencias pasadas, tanto las exitosas como las desafiantes. Cada una de estas experiencias te ha enseñado algo valioso sobre ti mismo. Pregúntate: ¿En qué momentos me he sentido más vivo y comprometido? ¿Qué actividades me generan una sensación de fluidez y facilidad natural? Las respuestas a estas preguntas pueden ser indicadores de tus verdaderos talentos y pasiones.

Además, es crucial ser consciente de tus valores y creencias. Estos son los cimientos sobre los que construyes tu vida y guían tus decisiones. Al estar alineado con tus valores, encontrarás una mayor satisfacción en tus esfuerzos y podrás perseguir objetivos que resuenen verdaderamente contigo.

No subestimes la importancia de los desafíos y los fracasos en este proceso. A menudo, es en los momentos de dificultad donde tu verdadero potencial puede brillar con más fuerza. Estos desafíos te permiten desarrollar resiliencia, aprender nuevas habilidades y adaptarte a situaciones cambiantes. Cada obstáculo superado es un escalón más en la escalera hacia la comprensión de tu potencial.

El autoconocimiento también implica reconocer y aceptar tus limitaciones. Esto no es un signo de debilidad, sino de sabiduría. Conocer tus límites te permite enfocar tus esfuerzos en las áreas donde puedes brillar realmente y buscar apoyo o formación en aquellas donde te sientes menos fuerte.

Finalmente, el descubrimiento de tu potencial es un viaje continuo. No es un destino al que se llega, sino un camino en constante evolución. Permanece abierto a nuevas experiencias, dispuesto a aprender y adaptarte. Cada nueva experiencia, cada persona que encuentres y cada desafío que enfrentes te ofrece una oportunidad para crecer y explorar aún más las profundidades de tu potencial.

El potencial que buscas ya está dentro de ti, esperando ser descubierto y nutrido. Así que aventúrate con curiosidad y valentía en este emocionante viaje hacia el descubrimiento de ti mismo.

El potencial que yace en tu interior es como un tesoro oculto, esperando ser descubierto y nutrido. Este viaje de autoexploración requiere curiosidad, valentía y una mente abierta. A menudo, tendemos a buscar respuestas en el exterior, ignorando que las claves de nuestras capacidades más grandes están dentro de nosotros.

Iniciar este camino hacia el autoconocimiento implica mirar hacia adentro, escuchando atentamente la voz de tu intuición y tus verdaderos deseos. Puede que te encuentres con sorpresas, descubriendo habilidades y pasiones que habías pasado por alto o subestimado. Al igual que un jardinero cuida sus plantas, debes nutrir estos descubrimientos con experiencias, educación y reflexión.

Este proceso de autodescubrimiento no siempre es fácil. Requiere enfrentarse a tus miedos, aceptar tus imperfecciones y estar dispuesto a cambiar. Pero es precisamente en este desafío donde reside la belleza del viaje. Al superar obstáculos y expandir tus horizontes, tu potencial comienza a florecer de maneras que nunca imaginaste.

Recuerda que cada persona es única, y por lo tanto, tu camino hacia el descubrimiento de tu potencial también lo será. No hay un mapa o una ruta predeterminada; eres tú quien debe trazar el camino. Escucha a otros, pero confía en tu juicio y en tus sentimientos. Tu intuición es una brújula poderosa que te guiará hacia el auténtico yo.

A lo largo de este viaje, mantén una actitud de aprendizaje constante. Busca oportunidades para crecer, ya sea a través de la educación formal, la lectura, las experiencias de vida o las relaciones personales. Cada nueva experiencia es una oportunidad para aprender algo más sobre ti mismo.

Finalmente, celebra tus logros, no importa cuán pequeños sean. Cada paso adelante es un testimonio de tu coraje para embarcarte en este viaje de autodescubrimiento. El potencial que buscas ya está dentro de ti, esperando ser descubierto y nutrido. Así que aventúrate con curiosidad y valentía en este emocionante viaje hacia el descubrimiento de ti mismo. Estás en el umbral de un camino maravilloso hacia una mayor comprensión y realización personal.

Autoreflexión y Autoconocimiento: Explorar tus fortalezas y debilidades.

La autoreflexión y el autoconocimiento son pilares fundamentales en el viaje hacia el descubrimiento de tu potencial. Explorar tus fortalezas y debilidades no es solo un acto de introspección, sino un proceso continuo de crecimiento personal. Este camino hacia el entendimiento propio implica sumergirte en lo más profundo de tu ser, enfrentarte a tus verdades y reconocer tanto tus capacidades más brillantes como aquellas áreas que necesitan mejora.

Comienza por dedicar momentos de tranquilidad para reflexionar sobre ti mismo. Puedes hacerlo mediante la meditación, escribiendo un diario o simplemente pasando tiempo en soledad. En estos momentos, hazte preguntas clave: ¿Qué actividades me hacen sentir competente y seguro? ¿En qué situaciones me siento más desafiado o inseguro? Estas preguntas te ayudarán a identificar tus fortalezas y debilidades.

La autorreflexión también implica mirar hacia atrás en tu historia personal. Analiza tus éxitos y fracasos pasados. Considera los momentos en los que te sentiste más realizado y aquellos en los que te enfrentaste a desafíos. Estos recuerdos ofrecen pistas valiosas sobre tus habilidades innatas y áreas para el desarrollo.

La autorreflexión es un viaje hacia atrás en el tiempo, un proceso introspectivo donde revisitas tu historia personal para descubrir y comprender mejor quién eres. Al analizar tus éxitos y fracasos pasados, comienzas a desenredar el hilo de tu propia narrativa, descubriendo patrones, habilidades, y áreas de oportunidad que tal vez no habías percibido antes.

Cuando reflexionas sobre tus éxitos, piensa en los momentos en que te sentiste plenamente realizado. ¿Qué estabas haciendo? ¿Qué factores contribuyeron a estos logros? Estas situaciones son ventanas a tus fortalezas, revelando las habilidades y talentos que naturalmente posees. Tal vez descubras que tu creatividad, tu habilidad para comunicarte, o tu capacidad de resolver problemas fueron clave en estos momentos. Reconocer estos atributos te da la oportunidad de potenciarlos aún más, aplicándolos conscientemente en futuros proyectos y desafíos.

De manera similar, al examinar tus fracasos o desafíos, no los veas como manchas en tu historia, sino como oportunidades de aprendizaje. Reflexiona sobre las circunstancias que rodearon estos eventos. ¿Qué dificultades enfrentaste? ¿Cómo reaccionaste ante ellas? ¿Qué podrías haber hecho de manera diferente? Este análisis no solo te permite aprender de tus errores, sino que también te ayuda a identificar áreas para tu desarrollo personal y profesional. Por ejemplo, si encuentras que la gestión del tiempo fue un factor recurrente en tus fracasos, esto podría indicar un área para mejorar.

La clave de la autoreflexión está en el equilibrio. No te detengas solo en lo negativo ni te engrandezcas solo en los éxitos. Ambos son igualmente importantes para entender tu trayectoria de vida. Cada experiencia, buena o mala, te ha moldeado y preparado para los desafíos futuros.

Finalmente, recuerda que la autoreflexión es un proceso continuo. A medida que creces y evolucionas, tus reflexiones sobre experiencias pasadas pueden cambiar, ofreciendo nuevas perspectivas y entendimientos. Dedicar tiempo regularmente para esta práctica te ayudará a mantener un autoconocimiento actualizado y relevante, permitiéndote navegar tu vida con mayor claridad y propósito. La historia de tu vida es rica en lecciones y sabiduría; sumergirte en ella es descubrir el mapa que te guiará hacia tu futuro.

El autoconocimiento no se trata solo de reconocer lo que ya sabes sobre ti mismo, sino también de abrirte a nuevos entendimientos. Estar dispuesto a recibir feedback de otros es crucial. A menudo, las personas cercanas a ti pueden ofrecer perspectivas que tú mismo podrías pasar por alto. Escucha sus observaciones con una mente abierta, pero también con un espíritu crítico, diferenciando las críticas constructivas de las que no lo son.

Recuerda que conocer tus debilidades no es un signo de fracaso, sino una oportunidad para crecer. Al identificar las áreas en las que no eres tan fuerte, puedes comenzar a trabajar en ellas, buscando recursos, formación o asesoramiento que te ayuden a mejorar. Del mismo modo, al reconocer tus fortalezas, puedes enfocarte en maximizarlas, utilizando estos talentos para avanzar hacia tus objetivos y aspiraciones.

Reconocer tus debilidades no debe verse como un reconocimiento de fracaso, sino más bien como un paso valiente hacia el crecimiento personal. Esta honestidad contigo mismo es esencial para un desarrollo integral. Al identificar las áreas en las que no brillas tanto, abres la puerta a una multitud de oportunidades para fortalecerte y evolucionar.

Comenzar a trabajar en tus debilidades implica primero aceptarlas sin juicio. Esto puede ser desafiante, ya que a menudo nos resistimos a admitir nuestras limitaciones. Sin embargo, una vez que las aceptas, puedes tomar medidas proactivas para mejorar en esas áreas. Busca recursos, ya sean libros, cursos en línea, talleres o incluso un mentor o coach que te guíe. Estos recursos te proporcionarán conocimientos y estrategias que podrás aplicar en tu vida diaria para superar gradualmente tus debilidades.

Por otro lado, reconocer tus fortalezas te da la oportunidad de maximizar tu potencial. Cada persona tiene un conjunto único de talentos y habilidades que, cuando se utilizan de manera efectiva, pueden llevarla a alcanzar sus objetivos y aspiraciones. Enfocarte en tus fortalezas te permite operar desde un lugar de confianza y competencia. Te anima a tomar retos que se alinean con tus habilidades naturales, lo que aumenta tus probabilidades de éxito.

Utilizar tus fortalezas no significa ignorar tus debilidades. Más bien, se trata de encontrar un equilibrio, donde puedes aprovechar tus talentos mientras trabajas en las áreas que necesitan mejora. Este enfoque equilibrado te permite abordar los desafíos de una manera más completa y versátil.

En última instancia, el conocimiento de tus debilidades y fortalezas es una herramienta poderosa en tu viaje hacia el éxito personal. Te permite navegar tu vida con mayor claridad, tomando decisiones más informadas y alineadas con quien realmente eres. Así que, abraza tanto tus fortalezas como tus debilidades; ambas son esenciales en la construcción de la mejor versión de ti mismo.

La autorreflexión y el autoconocimiento son prácticas continuas. A medida que cambias y creces, tus fortalezas y debilidades también pueden evolucionar. Mantente abierto a este proceso dinámico, acogiéndolo como una parte esencial de tu viaje hacia el éxito personal.

No son meras etapas pasajeras en tu viaje de desarrollo personal, sino prácticas continuas, vitales para tu crecimiento y evolución. A medida que avanzas en la vida, experimentando cambios y enfrentándote a nuevas situaciones, tus fortalezas y debilidades pueden transformarse, revelando nuevas facetas de tu personalidad y capacidad.

Este proceso dinámico de autoexploración te invita a mantener una mente abierta y adaptable. La persona que eras hace un año, o incluso hace un mes, puede no ser exactamente la misma que eres hoy. Tus experiencias, tanto las positivas como las desafiantes, te moldean y te proporcionan continuas oportunidades de aprendizaje. Por ejemplo, una habilidad que antes considerabas como una debilidad puede fortalecerse con el tiempo y la práctica, o podrías descubrir nuevos talentos que no sabías que tenías.

Acoger este proceso de cambio constante es esencial en tu camino hacia el éxito personal. Implica estar dispuesto a reevaluar y ajustar tu comprensión de ti mismo regularmente. La autoreflexión periódica te permite hacer un seguimiento de tu progreso, reconociendo los cambios en tus habilidades y en tu forma de enfrentar los desafíos. También te ayuda a realinear tus metas y objetivos con tu estado actual, asegurando que sigan siendo relevantes y alcanzables.

Además, el autoconocimiento continuo fomenta una mayor resiliencia y flexibilidad. Al comprender cómo y por qué has cambiado, puedes adaptarte más fácilmente a las nuevas circunstancias y enfrentar los desafíos con una mayor comprensión de tus capacidades y límites.

La autoreflexión y el autoconocimiento son prácticas vivas, que evolucionan contigo. No son meras herramientas para alcanzar un destino fijo, sino acompañantes constantes en tu viaje de crecimiento. Mantenerte abierto y receptivo a este proceso te permitirá navegar por la vida con una mayor claridad, confianza y propósito, adaptándote y evolucionando de manera que refleje tu verdadero ser en cada etapa de tu vida.

En última instancia, conocerse a sí mismo es el primer paso para vivir una vida plena y auténtica, donde tus decisiones y acciones están en armonía con quién eres realmente.

Estableciendo Metas Realistas: Cómo definir objetivos alcanzables.

Establecer metas realistas es una habilidad crucial que te permite trazar un camino claro hacia tus aspiraciones, garantizando que estos objetivos sean alcanzables y medibles. Definir estas metas requiere un balance entre ambición y pragmatismo, asegurándote de que lo que te propones es desafiante, pero a la vez posible de lograr.

Para comenzar, es importante entender tu punto de partida actual: evalúa dónde te encuentras en relación con la meta que deseas alcanzar. Esta evaluación inicial te brinda una base realista desde la cual puedes establecer tus objetivos. Por ejemplo, si tu meta es correr un maratón y actualmente corres distancias cortas, una meta realista sería primero completar una carrera de 10 kilómetros, luego una media maratón, antes de llegar al maratón completo.

Una vez que tienes una idea clara de tu situación actual, define tus metas utilizando criterios específicos y medibles. Las metas vagas o demasiado generales son difíciles de seguir y evaluar. En lugar de decir "quiero estar en mejor forma física", establece un objetivo más específico como "quiero ser capaz de correr 5 kilómetros en menos de 30 minutos en seis meses". Esta claridad te permite crear un plan de acción detallado y medir tu progreso.

Cuando te encuentras en el punto de definir tus metas, la claridad y la precisión son esenciales. Metas vagas o demasiado generales pueden parecer atractivas por su amplitud, pero a menudo carecen de la estructura necesaria para seguirlas y evaluarlas efectivamente. Por ejemplo, una meta como "quiero estar en mejor forma física" es noble en su intención, pero carece de especificidad. ¿Cómo sabrás cuándo has alcanzado esta meta? ¿Qué acciones específicas tomarás para lograrla?

La clave está en formular objetivos que sean específicos y medibles. Esto significa detallar exactamente qué quieres lograr y cómo podrás medir tu éxito. Tomemos el ejemplo de querer estar en mejor forma física. Una forma de hacer esta meta más concreta es establecer un objetivo específico, como "quiero ser capaz de correr 5 kilómetros en menos de 30 minutos en seis meses". Aquí, tienes un objetivo claro (correr 5 kilómetros), un criterio medible (en menos de 30 minutos) y un marco temporal (en seis meses).

Esta claridad te permite crear un plan de acción detallado. Puedes dividir esta meta mayor en objetivos más pequeños y manejables. Por ejemplo, en el primer mes podrías enfocarte en correr distancias cortas regularmente, incrementando gradualmente la distancia y mejorando tu tiempo a lo largo de los meses siguientes. Este enfoque paso a paso no solo hace que tu meta sea más alcanzable, sino que también te proporciona puntos de referencia claros para medir tu progreso.

Además, al tener metas específicas y medibles, puedes ajustar tu plan de acción según sea necesario. Si después de tres meses descubres que estás progresando más rápido de lo esperado, puedes revisar y tal vez elevar tu meta. De igual manera, si encuentras obstáculos, puedes ajustar tus expectativas y plazos de manera realista, sin perder de vista tu objetivo final.

Definir metas específicas y medibles transforma tus aspiraciones en un plan de acción tangible. Te proporciona una hoja de ruta clara, permitiéndote monitorear tu progreso y hacer ajustes en el camino. Esta metodología no solo aumenta tus posibilidades de éxito, sino que también convierte el proceso de alcanzar tus metas en una experiencia más estructurada y gratificante.

También es importante que tus metas sean alcanzables. Si bien es bueno desafiarte a ti mismo, establecer metas demasiado ambiciosas puede llevar a la frustración y desmotivación. Asegúrate de que tus objetivos sean retadores, pero realistas, teniendo en cuenta tus recursos, tiempo y circunstancias personales.

Además, tus metas deben ser relevantes para tus valores y aspiraciones más amplias. Una meta que está alineada con lo que realmente importa para ti tiene más probabilidades de mantenerte motivado y comprometido en el proceso de alcanzarla.

Finalmente, establece un marco temporal para tus metas. Tener un plazo claro te ayuda a mantener el enfoque y organizar tus esfuerzos de manera eficiente. Sin embargo, sé flexible y dispuesto a ajustar tus plazos si las circunstancias cambian o si encuentras obstáculos inesperados.

Establecer metas realistas es un proceso que combina la autoevaluación honesta, la especificidad, la factibilidad, la relevancia y la temporalidad. Al seguir estos pasos, puedes trazar un camino claro hacia tus objetivos, manteniéndote enfocado y motivado a lo largo de tu viaje hacia el éxito personal.

La Importancia de la Curiosidad: Mantener una mentalidad de aprendizaje constante.

La curiosidad es mucho más que un simple deseo de saber o aprender algo nuevo; es un componente esencial en la escalera hacia el éxito personal y profesional. Mantener una mentalidad de aprendizaje constante, alimentada por la curiosidad, te abre puertas a nuevas experiencias, conocimientos y perspectivas. Esta actitud inquisitiva es la chispa que enciende la innovación y el crecimiento continuo.

En un mundo que cambia rápidamente, donde las nuevas tecnologías y teorías emergen a una velocidad vertiginosa, la curiosidad te mantiene relevante y competitivo. Permite adaptarte a nuevos entornos, aprender nuevas habilidades y abordar problemas desde ángulos únicos. La curiosidad te empuja a hacer preguntas, a desafiar el status quo y a explorar posibilidades más allá de las respuestas convencionales.

Al cultivar una mentalidad de aprendizaje constante, te conviertes en un eterno estudiante del mundo. No se trata solo de acumular conocimientos en tu campo de especialización, sino de explorar una variedad de intereses y disciplinas. Esta amplia gama de conocimientos fomenta la creatividad y la capacidad de conectar ideas de maneras innovadoras.

La curiosidad también juega un papel crucial en la construcción de relaciones interpersonales más fuertes y significativas. Mostrar interés genuino en los pensamientos, experiencias y opiniones de los demás no solo enriquece tu comprensión del mundo, sino que también construye confianza y respeto en tus relaciones. Esta apertura a nuevas ideas y culturas puede abrirte a colaboraciones y oportunidades que de otra manera podrían pasar desapercibidas.

Sin embargo, mantener una mentalidad de aprendizaje constante requiere esfuerzo y dedicación. Implica romper con la complacencia y la rutina, buscando activamente nuevas experiencias y desafíos. Requiere humildad para reconocer que siempre hay algo nuevo que aprender, incluso en áreas donde te consideras experto.

Para nutrir esta curiosidad, puedes adoptar hábitos como la lectura regular, asistir a conferencias y talleres, participar en grupos de discusión, o simplemente ser más observador y reflexivo en tu vida diaria. Cada nueva habilidad aprendida, cada libro leído, cada conversación significativa, es un paso adelante en tu viaje de crecimiento personal.

Nutrir tu curiosidad es una parte esencial en el desarrollo de una mentalidad de aprendizaje constante. Adoptar ciertos hábitos puede facilitar este proceso y convertirlo en una parte integral de tu vida cotidiana. La lectura regular es uno de los hábitos más efectivos en este sentido. Los libros no solo te proporcionan conocimiento, sino que también amplían tu perspectiva, exponiéndote a ideas, culturas y filosofías diferentes. Dedica tiempo a explorar una variedad de géneros y temas, ya que cada libro tiene algo único que ofrecerte.

Asistir a conferencias y talleres es otra manera excelente de alimentar tu curiosidad. Estos espacios te brindan la oportunidad de sumergirte en temas específicos y aprender de expertos en el campo. Además, son una excelente manera de conocer a personas con intereses similares, lo que puede conducir a discusiones enriquecedoras y nuevas amistades.

Participar en grupos de discusión, ya sean formales o informales, es también una forma valiosa de cultivar tu curiosidad. Estos grupos te permiten intercambiar ideas, puntos de vista y experiencias con otros, desafiando tu pensamiento y ampliando tu comprensión de diversos temas. A menudo, es en la diversidad de opiniones donde se encuentran las perspectivas más enriquecedoras.

En tu vida diaria, practica ser más observador y reflexivo. Presta atención a los detalles a tu alrededor, cuestiona lo que das por sentado y busca la historia detrás de lo ordinario. Esta actitud de observación y reflexión te hace más consciente de tu entorno y te abre a experiencias de aprendizaje constantes.

Cada nueva habilidad que aprendes, cada libro que lees y cada conversación significativa en la que participas, te lleva un paso adelante en tu viaje de crecimiento personal. Estas actividades no solo enriquecen tu conocimiento, sino que también afilan tu capacidad de pensar críticamente y de manera creativa. Al nutrir tu curiosidad, estás invirtiendo en ti mismo, en tu capacidad de adaptarte, innovar y prosperar en un mundo en constante cambio. Recuerda, el aprendizaje es un viaje sin fin, y la curiosidad es tu brújula en este emocionante viaje de descubrimiento.

La importancia de la curiosidad y de mantener una mentalidad de aprendizaje constante no puede subestimarse. Es una fuerza motriz para el desarrollo personal, la innovación y el éxito.

La importancia de la curiosidad y el mantener una mentalidad de aprendizaje constante es fundamental en cualquier proceso de desarrollo personal, innovación y búsqueda del éxito. Estas cualidades no son meramente complementarias, sino que forman la esencia de una actitud proactiva y enriquecedora hacia la vida y las metas personales.

La curiosidad es el motor que impulsa la exploración y el descubrimiento. Es lo que te lleva a cuestionar lo establecido, a explorar nuevos horizontes y a buscar respuestas más allá de lo evidente. Esta búsqueda incesante de conocimiento y comprensión no solo amplía tus horizontes intelectuales, sino que también enriquece tu experiencia de vida, dándote una perspectiva más amplia y profunda del mundo y de tu lugar en él.

Mantener una mentalidad de aprendizaje constante es igualmente crucial. En un mundo que evoluciona rápidamente, donde el cambio es la única constante, la capacidad de aprender y adaptarse continuamente es vital para el éxito y la relevancia a largo plazo. Esta mentalidad te permite estar siempre en crecimiento, evitando el estancamiento y la obsolescencia. Te prepara para enfrentar nuevos desafíos con confianza y agilidad, aprovechando cada situación como una oportunidad para aprender y evolucionar.

Juntas, la curiosidad y una mentalidad de aprendizaje constante forman una dupla poderosa. Te permiten ser un innovador, un solucionador de problemas, un pensador crítico y un líder efectivo. Te impulsan a preguntar "¿Por qué?" y "¿Qué pasaría si?", cuestiones que son el inicio de toda innovación y progreso.

En resumen, cultivar la curiosidad y mantener una mentalidad de aprendizaje constante son prácticas esenciales para el éxito en todas las áreas de la vida. No solo te llevan a un mayor conocimiento y habilidad, sino que también te preparan para enfrentar los inevitables cambios y desafíos del futuro con una mente abierta, adaptable y siempre lista para crecer. Estas son las herramientas que te permitirán no solo alcanzar tus metas, sino también superarlas y redefinirlas continuamente.

Al permanecer curioso, te mantienes en un estado de crecimiento y descubrimiento continuo, preparado para aprovechar las oportunidades que la vida te presenta y para enfrentar los desafíos con una mente abierta y adaptable.

Superando el Miedo al Fracaso: Aprender de los errores y avanzar.

Superar el miedo al fracaso es un paso crucial en el camino hacia el éxito personal y profesional. Este miedo, a menudo arraigado en la duda y la inseguridad, puede convertirse en un obstáculo significativo, impidiéndote tomar riesgos y aprovechar oportunidades. Sin embargo, al aprender a ver los errores no como fracasos, sino como oportunidades de aprendizaje, puedes transformar este miedo en un impulso para el crecimiento.

Paso para superar el miedo al fracaso

El primer paso para superar el miedo al fracaso es cambiar tu perspectiva sobre lo que significa fallar. En lugar de ver el fracaso como un reflejo de tu valía o habilidades, considera cada error como una lección valiosa. Cada vez que algo no sale como lo planeaste, tienes la oportunidad de analizar qué salió mal y por qué. Esta reflexión te permite identificar áreas de mejora y ajustar tu enfoque en el futuro.

El primer paso esencial para superar el miedo al fracaso es transformar radicalmente tu perspectiva sobre lo que significa fallar. Este cambio de mentalidad implica dejar de ver los fracasos como un reflejo negativo de tu valía o habilidades y empezar a considerarlos como lecciones valiosas en tu camino de crecimiento personal y profesional.

Cada vez que te enfrentas a un fracaso o a un resultado no deseado, en lugar de sumergirte en la autocrítica o la decepción, detente a analizar de manera objetiva y constructiva qué salió mal y por qué. Este ejercicio de reflexión no es para adjudicarte culpa, sino para comprender las dinámicas y factores que contribuyeron al resultado. Al hacer esto, conviertes cada error en una oportunidad para aprender algo nuevo.

Por ejemplo, si un proyecto no alcanza los resultados esperados, en lugar de etiquetarlo simplemente como un fracaso, examina los aspectos específicos que no funcionaron. ¿Fueron metas poco realistas? ¿Hubo falta de recursos o habilidades específicas? ¿O quizás no se tomaron en cuenta ciertas variables? Al desglosar el evento en elementos específicos, puedes identificar áreas concretas de mejora.

Una vez que has identificado estas áreas, es momento de ajustar tu enfoque para el futuro. Esto podría significar adquirir nuevas habilidades, cambiar tu estrategia, o incluso modificar tus metas para hacerlas más alcanzables. El objetivo es utilizar la experiencia del fracaso como un trampolín para el desarrollo, no como un obstáculo insuperable.

Recuerda, la clave no está en evitar el fracaso, ya que esto es a menudo imposible y puede conducir a la parálisis por análisis o a la aversión al riesgo. La verdadera habilidad está en saber cómo manejar el fracaso, aprender de él y seguir adelante con un mayor conocimiento y preparación. Al cambiar tu perspectiva sobre el fracaso y ver cada error como una lección valiosa, te capacitas para abordar futuros desafíos con mayor sabiduría y confianza.

Además, es importante reconocer que el camino hacia el éxito rara vez es lineal. Está lleno de altibajos, y los contratiempos son parte natural del proceso. Muchas de las figuras más exitosas en la historia han enfrentado fracasos notables antes de alcanzar sus logros más significativos. Estos fracasos no fueron el fin de sus viajes, sino puntos de inflexión que les proporcionaron conocimientos y experiencias cruciales.

Para realmente superar el miedo al fracaso, es esencial desarrollar resiliencia. La resiliencia te permite enfrentar los desafíos y recuperarte de los reveses con determinación. Se construye a través de la práctica, enfrentándote a tus miedos y permitiéndote experimentar y aprender de tus errores. Cada desafío que superas fortalece tu confianza y tu capacidad para manejar situaciones difíciles en el futuro.

También es útil establecer un sistema de apoyo sólido. Hablar sobre tus miedos y fracasos con amigos de confianza, mentores o colegas puede proporcionarte una perspectiva diferente y alentadora. A menudo, descubrirás que no estás solo en tus experiencias y que otros han superado obstáculos similares.

Finalmente, avanza con un enfoque positivo y orientado a soluciones. En lugar de quedarte atascado en lo que salió mal, concéntrate en lo que puedes hacer diferente la próxima vez. Establece metas realistas, celebra los pequeños éxitos y mantén una mentalidad de crecimiento.

Superar el miedo al fracaso es un proceso que implica cambiar tu percepción del error, desarrollar resiliencia, buscar apoyo y mantener una actitud positiva y proactiva. Al abrazar tus errores como oportunidades para aprender y crecer, te liberas de las cadenas del miedo y te abres a un mundo de posibilidades y éxito.

Superar el miedo al fracaso es un viaje transformador que comienza con un cambio fundamental en cómo percibes los errores. En lugar de verlos como finales catastróficos, es esencial empezar a considerarlos como escalones necesarios en el camino hacia el éxito. Esta nueva perspectiva te permite abordar los desafíos con una mentalidad más abierta y menos temerosa.

El primer paso en este proceso es redefinir el fracaso. Deja de verlo como una señal de tus limitaciones y comienza a considerarlo como una fuente invaluable de conocimiento y experiencia. Cada error te brinda información crucial sobre qué funciona y qué no, permitiéndote ajustar tus estrategias y enfoques en el futuro. Esta actitud de aprendizaje te capacita para avanzar con mayor sabiduría y preparación.

Desarrollar resiliencia es otro aspecto clave en la superación del miedo al fracaso. La resiliencia no se trata de evitar el fracaso, sino de saber cómo recuperarse de él. Implica fortaleza emocional, adaptabilidad y la habilidad para perseverar frente a los contratiempos. Fortalecer tu resiliencia puede implicar prácticas conscientes como la reflexión personal, la meditación, o simplemente el acto de enfrentar y superar pequeños desafíos diarios.

Buscar apoyo también juega un rol vital. Compartir tus inquietudes y fracasos con amigos, familiares o mentores no solo te proporciona una perspectiva diferente, sino que también te ayuda a sentirte menos solo en tu experiencia. A menudo, descubrirás que otros han pasado por situaciones similares y han encontrado maneras de superarlas.

Finalmente, mantener una actitud positiva y proactiva es esencial. Enfócate en lo que puedes aprender de cada situación y cómo puedes aplicar esos aprendizajes en el futuro. Celebra tus logros, por pequeños que sean, y reconoce el valor del esfuerzo y la perseverancia. Una mentalidad positiva te ayuda a ver las oportunidades en lugar de los obstáculos, lo que es fundamental para el éxito a largo plazo.

Superar el miedo al fracaso es un proceso activo y continuo. Implica cambiar tu percepción del error, desarrollar resiliencia, buscar apoyo y mantener una actitud positiva y proactiva. Al abrazar tus errores como oportunidades para aprender y crecer, no solo te liberas de las cadenas del miedo, sino que también te abres a un mundo lleno de posibilidades y éxito. Este proceso es un componente esencial en tu viaje hacia la realización personal y profesional.

Capítulo 2

Segundo paso

Construyendo Resiliencia

"La resiliencia no es lo que te sucede, sino cómo reaccionas a lo que te sucede. No se trata de evitar las tormentas, sino de aprender a bailar bajo la lluvia."

Construir resiliencia es un aspecto fundamental en el desarrollo personal y profesional. La resiliencia no es simplemente la capacidad de recuperarse de los contratiempos; es también la habilidad para adaptarse, aprender y crecer a partir de las experiencias difíciles. Esta fortaleza interna te permite enfrentar los desafíos de la vida con mayor confianza y determinación, y es una cualidad esencial para el éxito y el bienestar a largo plazo.

La resiliencia se construye a través de una serie de prácticas y actitudes mentales. Primero, es importante desarrollar una mentalidad de crecimiento, creyendo que tus habilidades y talentos pueden ser desarrollados a través del esfuerzo y la perseverancia. Esta mentalidad te motiva a enfrentar desafíos y aprender de tus errores, en lugar de evitarlos o desanimarte por ellos.

Otro aspecto clave es la capacidad de mantener una perspectiva positiva. Esto no significa ignorar las dificultades o disfrazar la negatividad con un optimismo ciego, sino más bien reconocer que incluso en las situaciones más desafiantes hay oportunidades para aprender y crecer. La práctica de la gratitud también puede ayudar en este aspecto, recordándote reconocer y apreciar los aspectos positivos de tu vida, incluso en momentos difíciles.

La autogestión emocional es igualmente importante en la construcción de resiliencia. Aprender a manejar tus emociones, especialmente en situaciones de estrés o presión, te permite responder a los desafíos de manera más efectiva y equilibrada. Esto incluye técnicas como la meditación, la atención plena y la regulación emocional, que te ayudan a mantener la calma y la claridad en momentos de crisis.

Además, el apoyo social juega un papel crucial en la resiliencia. Mantener relaciones fuertes y saludables te proporciona una red de apoyo para momentos difíciles. Estas relaciones te ofrecen consuelo, consejo y una perspectiva diferente, lo cual es invaluable en tiempos de estrés o incertidumbre.

Por último, la adaptabilidad es un componente esencial de la resiliencia. En un mundo en constante cambio, la capacidad de adaptarse a nuevas situaciones y ajustar tus planes es fundamental. Esto implica estar dispuesto a aceptar los cambios, aprender nuevas habilidades y ser flexible en tus enfoques y estrategias.

La adaptabilidad es un pilar fundamental en la construcción de la resiliencia, especialmente en un mundo que está en constante evolución y cambio. Esta capacidad de adaptación se traduce en ser flexible y abierto a modificar tus planes y estrategias cuando las circunstancias lo requieren. No se trata de un cambio de rumbo impulsivo o de abandonar tus objetivos, sino de ajustar tu camino de manera inteligente y reflexiva para navegar mejor en el entorno cambiante.

"Sé proactivo y tomar el control de cómo responides a las nuevas situaciones".

Aceptar los cambios es el primer paso en este proceso. Esto implica reconocer que el cambio es una parte inevitable de la vida y, en lugar de resistirte a él, aprender a fluir con él. La resistencia al cambio a menudo conduce a la frustración y al estancamiento, mientras que aceptarlo te permite ser proactivo y tomar el control de cómo respondes a las nuevas situaciones.

"Ser proactivo y tomar el control de cómo respondes a las nuevas situaciones" es una máxima crucial en el arte de la adaptabilidad y la resiliencia. El primer paso en este proceso es aceptar los cambios como una parte inevitable de la vida. Entender que el cambio no es un obstáculo, sino una constante, te prepara mentalmente para enfrentarlo con una actitud más positiva y constructiva.

Aceptar el cambio implica un ejercicio de apertura mental y flexibilidad. En lugar de aferrarte a lo conocido y resistirte a lo nuevo, adopta una postura de aprendizaje y curiosidad. Reconoce que, aunque el cambio puede ser desconcertante o desafiante, también trae consigo oportunidades para crecer, aprender y mejorar.

La resistencia al cambio es una reacción natural, pero a menudo conduce a la frustración y al estancamiento. Cuando te resistes al cambio, te cierras a las posibilidades que este puede ofrecer. Por otro lado, aceptar el cambio te permite ser proactivo. En lugar de ser un pasajero pasivo, te conviertes en el conductor de tu propia vida. Esta proactividad se manifiesta en la forma en que eliges responder a las nuevas situaciones.

Tomar el control de tus respuestas implica evaluar conscientemente las situaciones, considerar diversas opciones y tomar decisiones informadas. Significa también estar preparado para ajustar tus planes y estrategias, aprender nuevas habilidades si es necesario y buscar soluciones creativas a los desafíos que surgen.

En última instancia, ser proactivo en respuesta al cambio te empodera. Te permite moldear activamente tu trayectoria en lugar de simplemente reaccionar a las circunstancias. Esta actitud no solo es esencial para la adaptabilidad y la resiliencia, sino que también es clave para alcanzar el éxito personal y profesional en un mundo en constante evolución.

Aprender nuevas habilidades es otro aspecto vital de la adaptabilidad. En un mundo que cambia rápidamente, las habilidades que ayer eran valiosas pueden hoy no ser suficientes. Por lo tanto, es importante mantener una mentalidad de aprendizaje constante, buscando activamente oportunidades para adquirir nuevos conocimientos y competencias. Esto no solo te prepara para los desafíos actuales, sino que también te equipa para las oportunidades futuras.

Ser flexible en tus enfoques y estrategias es igualmente importante. Esto significa estar dispuesto a experimentar con nuevas formas de hacer las cosas y estar abierto a diferentes perspectivas y soluciones. La flexibilidad te permite ajustar tus métodos y tácticas en respuesta a las condiciones cambiantes, lo que puede ser crucial para superar obstáculos y alcanzar tus metas.

La adaptabilidad es una habilidad esencial para la resiliencia en un mundo en constante cambio. Implica aceptar los cambios, aprender nuevas habilidades y ser flexible en tus enfoques y estrategias. Cultivar esta adaptabilidad te permite no solo sobrevivir, sino prosperar ante los desafíos y cambios, convirtiéndote en una persona más resiliente y preparada para el futuro.

Construir resiliencia es un proceso continuo que implica desarrollar una mentalidad de crecimiento, mantener una perspectiva positiva, gestionar tus emociones, buscar apoyo social y ser adaptable a los cambios. Estas prácticas te fortalecen no solo para superar los desafíos, sino también para salir de ellos más fuerte, más sabio y más preparado para el futuro.

Enfrentando Desafíos: Técnicas para manejar la adversidad.

Enfrentar los desafíos y manejar la adversidad son habilidades cruciales en el camino hacia el éxito y el crecimiento personal. La vida, con su naturaleza impredecible, a menudo nos presenta obstáculos y situaciones difíciles. Sin embargo, es nuestra capacidad para enfrentar y superar estas adversidades lo que define nuestro carácter y fortaleza.

Una técnica esencial para manejar la adversidad es mantener una mentalidad positiva. Esto no significa ignorar los problemas o disfrazar la realidad con un optimismo sin fundamento, sino más bien enfrentar los desafíos con una actitud que busca soluciones y aprendizajes. Una mentalidad positiva te permite ver más allá del problema inmediato y enfocarte en las posibles soluciones y oportunidades de crecimiento.

Otra técnica importante es la resiliencia, la capacidad de recuperarse rápidamente de las dificultades. La resiliencia se construye a través de la experiencia, enfrentando y superando desafíos. Involucra también el desarrollo de una red de apoyo sólida, que puede proporcionarte perspectiva, consejo y consuelo en momentos difíciles.

El manejo del estrés y de las emociones es otro aspecto crucial. Aprender a controlar tus respuestas emocionales a situaciones adversas te permite mantener la claridad y la calma necesarias para tomar decisiones efectivas. Técnicas como la meditación, la respiración consciente y la atención plena pueden ser herramientas útiles en el manejo del estrés.

El manejo eficaz del estrés y las emociones es un aspecto vital para enfrentar de manera exitosa las situaciones adversas. Cuando te encuentras bajo presión o en medio de un desafío, tus emociones pueden intensificarse, lo que a menudo dificulta tomar decisiones claras y racionales. Por ello, aprender a controlar tus respuestas emocionales es crucial para mantener la serenidad y la objetividad necesarias en esos momentos.

Una técnica poderosa para la gestión del estrés es la meditación. La meditación te ayuda a centrarte en el momento presente, reduciendo así las preocupaciones y ansiedades que pueden surgir ante lo desconocido o lo problemático. Mediante la práctica regular de la meditación, puedes desarrollar una mayor conciencia de tus pensamientos y emociones, aprendiendo a observarlos sin juzgarlos o dejarte arrastrar por ellos.

La respiración consciente es otra herramienta efectiva en el manejo del estrés. Este método implica enfocar tu atención en tu respiración, lo cual tiene un efecto calmante en tu mente y cuerpo. Respirar profundamente y de manera controlada puede ayudarte a disminuir la respuesta de estrés de tu cuerpo, permitiéndote recuperar la calma y claridad mental.

La atención plena, o mindfulness, también es una técnica valiosa. Consiste en estar plenamente presente y atento a la experiencia actual, sin distracciones o juicios. Practicar la atención plena te enseña a aceptar tus circunstancias actuales sin resistencia, lo que te permite abordar los problemas y desafíos de una manera más equilibrada y menos reactiva.

Estas técnicas no solo son útiles en momentos de crisis, sino que también pueden incorporarse en tu vida diaria como prácticas regulares. Esto te prepara mejor para lidiar con situaciones estresantes cuando surjan. Además, al gestionar de manera efectiva tu estrés y emociones, no solo enfrentas mejor los desafíos, sino que también contribuyes a tu bienestar general y a tu salud mental a largo plazo.

La gestión del estrés y las emociones a través de la meditación, la respiración consciente y la atención plena son habilidades esenciales para mantener la claridad y la calma en situaciones adversas. Al dominar estas técnicas, te equipas con recursos valiosos para tomar decisiones efectivas y manejar de manera óptima los desafíos que se presenten en tu camino.

Además, la planificación y la preparación te pueden ayudar a manejar mejor la adversidad. Esto implica anticipar posibles obstáculos y tener planes de contingencia. Estar preparado reduce la incertidumbre y te da un sentido de control, incluso en situaciones imprevistas.

Por último, es vital aprender de las experiencias adversas. Cada desafío enfrentado es una oportunidad para reflexionar, analizar qué funcionó y qué no, y aplicar esos aprendizajes en el futuro. Esta actitud de aprendizaje continuo no solo te hace más fuerte frente a futuros desafíos, sino que también contribuye a tu crecimiento personal y profesional.

Enfrentar desafíos y manejar la adversidad requiere una combinación de mentalidad positiva, resiliencia, manejo emocional, planificación y aprendizaje constante. Al desarrollar y aplicar estas técnicas, te equipas mejor para navegar por los altibajos de la vida, convirtiendo cada desafío en una escalera hacia tu desarrollo y éxito.

El Poder de la Perseverancia: Historias de éxito a través de la persistencia.

El poder de la perseverancia es un tema que resuena profundamente en las historias de éxito de innumerables individuos. A través de la persistencia, personas de todos los ámbitos de la vida han logrado superar obstáculos aparentemente insuperables y alcanzar objetivos que parecían inalcanzables. Estas historias no solo inspiran, sino que también enseñan una valiosa lección: el éxito a menudo es el resultado de la perseverancia más que del talento puro o de la suerte.

La perseverancia se manifiesta en la capacidad de continuar esforzándose hacia una meta, incluso frente a dificultades, fracasos y desaliento. Es la determinación de seguir adelante cuando todo parece ir en contra. Esta cualidad se ha visto en grandes inventores, científicos, empresarios, artistas y líderes a lo largo de la historia. Sus logros no fueron el resultado de un camino fácil o directo, sino el producto de un arduo trabajo, dedicación y, sobre todo, de no rendirse ante los desafíos.

Por ejemplo, consideremos a los grandes inventores cuyas creaciones han cambiado el mundo. Muchos de ellos enfrentaron repetidos fracasos y escepticismo antes de finalmente lograr su gran avance. Thomas Edison, con sus miles de intentos fallidos antes de inventar la bombilla eléctrica, es un testimonio clásico del poder de la perseverancia. Su famosa cita, "No he fracasado, he encontrado 10,000 maneras que no funcionan", refleja una mentalidad de perseverancia que ve cada fracaso como un paso más hacia el éxito.

En el mundo del arte, la literatura y la música, también encontramos innumerables historias de individuos que perseveraron a pesar del rechazo y las dificultades. Escritores cuyas obras fueron rechazadas varias veces antes de convertirse en best-sellers, músicos que tocaron en bares vacíos antes de alcanzar la fama, y artistas que fueron incomprendidos en su tiempo, pero cuyo trabajo fue apreciado posteriormente, son ejemplos del poder de la persistencia.

En el ámbito empresarial, muchos fundadores de empresas exitosas han superado desafíos significativos. Sus historias a menudo incluyen fracasos tempranos, reveses financieros y un constante proceso de prueba y error. La capacidad de perseverar, adaptarse y seguir adelante es lo que finalmente les llevó al éxito.

La perseverancia detrás del éxito

Las historias de éxito de fundadores de empresas comparten un tema común: la perseverancia puede ser más determinante para el éxito que cualquier otro factor. A través de la persistencia, se pueden superar limitaciones, aprender de los errores y eventualmente alcanzar los objetivos deseados. La perseverancia es, por tanto, una cualidad que todos podemos desarrollar y fortalecer en nuestra búsqueda del éxito y la realización personal. Nos enseña que, más allá de los talentos innatos o las circunstancias favorables, es nuestra capacidad de seguir adelante lo que forja nuestro camino hacia grandes logros.

La perseverancia detrás del éxito es una lección universal que resalta en las trayectorias de los fundadores de empresas exitosas. Estas historias nos revelan que, a menudo, la perseverancia es un factor más crítico para el éxito que el talento innato o las circunstancias favorables. A través de la persistencia, estas personas han logrado superar limitaciones, aprender valiosas lecciones de sus errores y, finalmente, alcanzar sus objetivos.

Esta cualidad, la perseverancia, es algo que todos tenemos la capacidad de desarrollar y fortalecer. No es exclusiva de unos pocos elegidos; más bien, es una habilidad que podemos cultivar con la práctica y la determinación. Nos enseña a no rendirnos ante los desafíos, a ver cada obstáculo como una oportunidad para aprender y crecer, y a mantenernos enfocados en nuestras metas a pesar de las dificultades.

El camino hacia el éxito rara vez es lineal o exento de dificultades. Los fundadores de empresas exitosas a menudo han enfrentado reveses significativos, fracasos e incluso rechazo antes de lograr su visión. Sin embargo, en lugar de darse por vencidos, estos individuos utilizaron estas experiencias como peldaños en su camino al éxito. Aprendieron de cada fracaso, ajustaron sus estrategias y continuaron avanzando con una renovada determinación.

Además, la perseverancia implica adaptabilidad y flexibilidad. Significa estar dispuesto a cambiar el curso cuando las estrategias originales no funcionan, mientras se mantiene fiel a la visión y los objetivos generales. Esta capacidad para adaptarse y evolucionar es crucial en el dinámico mundo de los negocios.

La perseverancia también fortalece el carácter personal. Desarrolla la resiliencia, la paciencia y la capacidad para manejar la incertidumbre. Estas cualidades no solo son valiosas en el mundo empresarial, sino en todos los aspectos de la vida.

La perseverancia es una cualidad fundamental en la búsqueda del éxito y la realización personal. Nos enseña que más allá de los talentos y las circunstancias, es nuestra capacidad de perseverar ante las adversidades lo que nos lleva a alcanzar grandes logros. Cada uno de nosotros tiene la potencialidad de desarrollar esta fortaleza, forjando nuestro propio camino hacia el éxito a través de la determinación y la constancia.

Desarrollando Flexibilidad Mental: Adaptándose a cambios inesperados.

Desarrollar flexibilidad mental es una habilidad esencial en nuestro mundo dinámico y a menudo impredecible. Esta capacidad de adaptación a los cambios inesperados no solo es útil, sino necesaria para navegar con éxito tanto en la vida personal como profesional. La flexibilidad mental implica la habilidad de ajustar tus pensamientos, comportamientos y emociones a situaciones nuevas o cambiantes, manteniendo una actitud abierta y receptiva frente a lo desconocido.

Adaptarse a cambios inesperados comienza con la aceptación. Aceptar que el cambio es una parte inevitable de la vida te permite abordarlo con una mente más tranquila y menos resistente. Esta aceptación no significa resignación, sino reconocer que ciertos factores están fuera de tu control y centrar tu energía en aquellos aspectos que sí puedes influir.

La flexibilidad mental también se relaciona con la capacidad de pensar de manera creativa y abierta. Frente a un cambio inesperado, las soluciones convencionales a menudo no son suficientes. Aquí es donde la creatividad y la innovación entran en juego. Al permitirte pensar fuera de lo establecido, puedes encontrar nuevas soluciones a problemas complejos y adaptarte mejor a las nuevas circunstancias.

La flexibilidad mental y su relación con el pensamiento creativo y abierto son aspectos cruciales al enfrentarse a cambios inesperados. En muchas situaciones, las respuestas y soluciones convencionales no son suficientes para abordar los nuevos retos que surgen. Aquí es donde la creatividad y la innovación se convierten en herramientas valiosas.

Cuando se presenta un cambio inesperado, la flexibilidad mental te permite liberarte de los patrones de pensamiento habituales y explorar nuevas posibilidades. Esta habilidad para pensar "fuera de la caja" es fundamental en un mundo que constantemente nos presenta escenarios nuevos y complejos. En lugar de aferrarte a las estrategias y soluciones conocidas, la flexibilidad mental te anima a considerar alternativas diferentes y originales.

Desarrollar esta capacidad implica practicar el pensamiento divergente, es decir, la habilidad de generar múltiples ideas o soluciones para un problema dado

, explorando todas las posibilidades sin limitarte a la primera o más obvia solución. Esta práctica de pensamiento divergente estimula tu creatividad, permitiéndote abordar problemas desde diferentes ángulos y perspectivas.

Además, fomentar una actitud de apertura mental es clave. Esto significa estar dispuesto a escuchar y considerar ideas que inicialmente pueden parecer poco convencionales o incluso contrarias a tus creencias o experiencias previas. La apertura mental te permite absorber y aprender de una diversidad de fuentes, lo que enriquece tu proceso de toma de decisiones y solución de problemas.

Otra forma de mejorar tu flexibilidad mental es a través de la experimentación. Anímate a probar nuevas maneras de hacer las cosas, incluso si esto implica un riesgo de fracaso. La experimentación es una forma poderosa de aprendizaje y adaptación. A través de ella, puedes descubrir métodos y soluciones innovadoras que nunca habrías considerado si te hubieras adherido estrictamente a lo conocido.

Por último, mantén una actitud de curiosidad y aprendizaje constante. El mundo está en constante cambio, y mantenerse actualizado con nuevas tendencias, tecnologías y metodologías te permitirá adaptarte más rápidamente a los cambios inesperados. La curiosidad te mantiene mentalmente ágil y preparado para abordar desafíos desde una perspectiva fresca y creativa.

La flexibilidad mental, combinada con el pensamiento creativo y abierto, es esencial para adaptarse exitosamente a los cambios inesperados. Al fomentar la creatividad, la apertura, la experimentación y la curiosidad, puedes enfrentar desafíos complejos con soluciones innovadoras y eficaces, manteniéndote siempre un paso adelante en un mundo en constante evolución.

Otra clave para desarrollar flexibilidad mental es la disposición a aprender y crecer constantemente. Esto significa estar dispuesto a adquirir nuevas habilidades, explorar nuevas ideas y escuchar perspectivas diferentes. En un mundo que cambia rápidamente, el aprendizaje continuo te permite mantenerte relevante y capaz de manejar los desafíos que surgen con los cambios.

Otra clave esencial para el desarrollo de la flexibilidad mental es la disposición constante a aprender y crecer. En un mundo que se encuentra en constante cambio y evolución, mantenerse estático en cuanto a conocimientos y habilidades puede llevar rápidamente a la obsolescencia. Por ello, es vital adoptar una actitud de aprendizaje continuo, lo que implica estar siempre dispuesto a adquirir nuevas habilidades, explorar ideas novedosas y estar abierto a escuchar diferentes perspectivas.

Esta disposición al aprendizaje constante te permite no solo mantener tu relevancia en un entorno dinámico, sino también manejar con mayor eficacia los desafíos que surgen a raíz de los cambios. Implica reconocer que siempre hay algo nuevo que aprender, incluso en áreas donde te consideras experto. Esto te mantiene mentalmente ágil y preparado para adaptarte a nuevas situaciones, tecnologías y metodologías.

Para fomentar un aprendizaje constante, es útil cultivar la curiosidad. La curiosidad te lleva a hacer preguntas, buscar conocimientos y entender profundamente los temas que te interesan. Esto se puede traducir en leer libros, asistir a cursos y talleres, participar en seminarios web, o simplemente mantener conversaciones enriquecedoras con personas que tienen puntos de vista o experiencias distintas a las tuyas.

Además, es importante crear un hábito de reflexión personal y autoevaluación. Dedica tiempo regularmente para reflexionar sobre tu progreso, los desafíos que enfrentas y las áreas en las que necesitas mejorar. Esta práctica te ayuda a identificar oportunidades de aprendizaje y a establecer metas específicas para tu desarrollo personal y profesional.

La flexibilidad mental se fortalece también al salir de tu zona de confort. Esto significa desafiarte a ti mismo para probar cosas nuevas, enfrentar situaciones que te resulten incómodas y asumir riesgos calculados. Al hacerlo, no solo adquieres nuevas habilidades, sino que también aprendes a manejar la incertidumbre y el cambio de manera más efectiva.

La disposición a aprender y crecer constantemente es un componente crucial en el desarrollo de la flexibilidad mental. Al mantener una actitud de aprendizaje continuo, curiosidad y disposición a salir de tu zona de confort, puedes adaptarte mejor a los cambios, enfrentar desafíos de manera más efectiva y seguir siendo relevante en un mundo en constante transformación.

Además, la flexibilidad mental implica manejar la incertidumbre con equilibrio y calma. Cambios inesperados a menudo traen consigo una sensación de incertidumbre sobre el futuro. Aprender a manejar esta incertidumbre sin caer en la ansiedad o el pánico es crucial. Esto se logra manteniendo una perspectiva positiva, concentrándote en el presente y tomando decisiones basadas en la mejor información disponible.

Por último, desarrollar una mentalidad resiliente es fundamental. La resiliencia te permite recuperarte de los reveses y seguir adelante, incluso cuando las cosas no van según lo planeado. Una persona flexible mentalmente ve los fracasos y los contratiempos como oportunidades de aprendizaje y crecimiento.

Desarrollar flexibilidad mental es esencial para adaptarse a cambios inesperados. A través de la aceptación, el pensamiento creativo, el aprendizaje continuo, la gestión de la incertidumbre y la resiliencia, puedes navegar con éxito en un mundo en constante cambio, convirtiendo los desafíos en oportunidades y manteniendo tu bienestar a lo largo del camino.

Fomentando la Paciencia: La importancia de esperar el momento correcto.

Fomentar la paciencia es un aspecto crucial en el camino hacia el éxito y el crecimiento personal. En un mundo que a menudo valora la velocidad y la gratificación inmediata, la paciencia puede parecer una virtud olvidada. Sin embargo, su importancia es incalculable, especialmente cuando se trata de esperar el momento correcto para actuar o tomar decisiones importantes. La paciencia no es simplemente la capacidad de esperar, sino la habilidad de mantener una actitud positiva y centrada mientras se espera.

Desarrollar paciencia implica comprender que muchas cosas valiosas en la vida requieren tiempo para materializarse. Ya sea el crecimiento personal, el éxito en un proyecto o el desarrollo de relaciones, estos procesos no pueden ser apresurados sin comprometer su calidad o profundidad. La paciencia te permite dar a cada situación el tiempo y el espacio necesarios para evolucionar de manera natural.

Además, la paciencia está estrechamente ligada a la perseverancia y la resistencia. En momentos de desafío o cuando las cosas no van según lo planeado, la paciencia te ayuda a mantener la calma y seguir adelante. Te permite ver más allá de los obstáculos inmediatos y mantener la visión a largo plazo, lo cual es esencial para alcanzar objetivos significativos.

Otra dimensión de la paciencia es la capacidad de actuar con deliberación y reflexión. En lugar de tomar decisiones precipitadas o impulsivas, la paciencia te anima a evaluar cuidadosamente tus opciones, considerar las posibles consecuencias y elegir el curso de acción que mejor se alinee con tus valores y objetivos. Esto es particularmente importante en un entorno donde las decisiones pueden tener repercusiones a largo plazo.

La paciencia también fomenta la tolerancia y la comprensión en las relaciones con los demás. Al ser paciente, puedes escuchar activamente, comprender mejor las perspectivas de los demás y construir relaciones más fuertes y significativas.

Por último, cultivar la paciencia es también un ejercicio de auto comprensión. Te ayuda a reconocer y aceptar tus propios límites, a trabajar dentro de ellos y a ser amable contigo mismo durante tu proceso de crecimiento y aprendizaje.

Fomentar la paciencia es vital para el éxito y el bienestar personal. La paciencia te enseña a dar tiempo al tiempo, a actuar con reflexión y a mantener una perspectiva equilibrada y positiva ante los desafíos de la vida. En un mundo que constantemente nos empuja a querer más y más rápido, la paciencia es un recordatorio de que el verdadero valor a menudo reside en esperar el momento correcto.

Capítulo 3

Tercer Paso

Habilidades de Comunicación Efectiva

"Comunicar efectivamente es un arte que implica escuchar tanto como hablar, comprender tanto como explicar. No es solo transmitir un mensaje, sino asegurarse de que sea recibido y entendido en su verdadera esencia."

Las Habilidades de Comunicación Efectiva, como tercer paso de nuestro libro para ascender al éxito, es un pilar fundamental en cualquier ámbito de nuestra vida, tanto personal como profesional. La capacidad de comunicar de manera efectiva es mucho más que simplemente transmitir información; se trata de entender, conectar y persuadir, de crear un puente de entendimiento entre las personas.

Las Habilidades de Comunicación Efectiva, presentadas como el tercer peldaño en nuestro libro hacia el éxito, son indispensables en todos los aspectos de la vida, tanto en lo personal como en lo profesional. Esta habilidad trasciende la mera transmisión de información; es el arte de entender, conectar y persuadir. Se trata de establecer un puente de entendimiento entre las personas, facilitando no solo el intercambio de ideas sino también la construcción de relaciones significativas.

Comunicar efectivamente implica una comprensión profunda de que cada palabra, cada gesto y cada silencio tiene un impacto en nuestros interlocutores. Se trata de escuchar activamente, no solo con los oídos, sino con la mente y el corazón. La escucha activa nos permite captar no solo lo que se dice, sino también lo que no se dice, las emociones y motivaciones detrás de las palabras.

En la comunicación efectiva, la claridad es clave. Expresar nuestras ideas de forma clara y concisa, evitando malentendidos, es fundamental para transmitir nuestros mensajes de manera precisa. Pero la claridad no solo reside en la elección de las palabras; también implica ser claros en nuestras intenciones y propósitos, lo que genera confianza y credibilidad.

Adaptar nuestro estilo de comunicación al contexto y al interlocutor es otro aspecto crucial. Esto significa ser conscientes de las diferencias culturales, emocionales y situacionales que influyen en cómo se recibe nuestro mensaje. La adaptabilidad en la comunicación nos permite ser más efectivos en nuestras interacciones, ajustando nuestro mensaje para que resuene con el receptor.

El lenguaje no verbal también juega un papel fundamental. La comunicación efectiva abarca mucho más que las palabras; nuestros gestos, posturas y expresiones faciales pueden comunicar tanto o más que nuestro discurso verbal. Ser conscientes de estas señales y saber interpretarlas en los demás añade una capa adicional de profundidad y comprensión a nuestras interacciones.

Por último, la habilidad para manejar situaciones difíciles y conflictos con comunicación asertiva y empática es vital. Esto implica no solo hablar, sino también saber escuchar, negociar y encontrar puntos en común, manteniendo siempre el respeto y la apertura hacia las perspectivas ajenas.

En definitiva, las habilidades de comunicación efectiva son más que herramientas para el intercambio de información; son esenciales para crear conexiones auténticas, resolver conflictos y forjar caminos hacia el éxito personal y profesional. Al dominar estas habilidades, nos equipamos para construir puentes sólidos de entendimiento y colaboración en todos los ámbitos de nuestra vida.

Es importante reconocer que la comunicación efectiva es bidireccional. No se trata solo de cómo expresamos nuestras ideas y sentimientos, sino también de cómo escuchamos a los demás. La escucha activa es una habilidad crucial en este proceso. Implica prestar toda nuestra atención a nuestro interlocutor, mostrando interés y entendimiento, y evitando la tentación de formular respuestas mientras el otro aún está hablando. A través de la escucha activa, no solo recibimos la información que se nos transmite, sino que también demostramos respeto y empatía.

La claridad y concisión en la expresión también son esenciales para una comunicación efectiva. Esto significa ser capaces de expresar nuestras ideas de manera clara y directa, evitando malentendidos y confusiones. Una comunicación clara y concisa es especialmente importante en entornos profesionales, donde la información precisa y directa es clave para el éxito de proyectos y relaciones laborales.

Otro aspecto importante es la capacidad de adaptar nuestro estilo de comunicación al contexto y al interlocutor. Esto implica entender las diferencias culturales, emocionales y contextuales que pueden influir en cómo se recibe nuestro mensaje. Ser capaz de ajustar nuestro lenguaje, tono y estilo según la situación puede hacer una gran diferencia en la efectividad de nuestra comunicación.

Además, las habilidades de comunicación efectiva incluyen el manejo adecuado del lenguaje no verbal. Nuestros gestos, expresiones faciales y lenguaje corporal pueden decir tanto o más que nuestras palabras. Ser conscientes de estas señales no verbales y saber interpretarlas en los demás es fundamental para una comunicación completa y efectiva necesaria para el éxito personal.

Las habilidades de comunicación efectiva no se limitan solamente al uso de las palabras; incluyen también el manejo adecuado y la interpretación del lenguaje no verbal. Los gestos, las expresiones faciales y el lenguaje corporal juegan un papel crucial en cómo transmitimos y recibimos mensajes. A menudo, estas señales no verbales pueden comunicar tanto o incluso más que lo que decimos verbalmente. Por lo tanto, ser conscientes y saber interpretar estas señales en los demás es esencial para una comunicación completa y efectiva, elementos fundamentales para alcanzar el éxito personal.

El lenguaje corporal, como el contacto visual, los gestos de las manos o la postura, puede revelar intenciones, emociones y actitudes que a veces no se expresan con palabras. Por ejemplo, un contacto visual firme puede transmitir confianza y sinceridad, mientras que los brazos cruzados pueden indicar resistencia o defensa. Aprender a leer estas señales en los demás te da una mayor comprensión de sus verdaderos sentimientos y reacciones, permitiéndote ajustar tu enfoque de comunicación de manera apropiada.

Además, ser consciente de tu propio lenguaje corporal te ayuda a asegurarte de que tu mensaje no verbal esté alineado con tus palabras. Una incoherencia entre lo que dices y cómo lo dices puede generar desconfianza o confusión en tus interlocutores. Por ejemplo, si hablas sobre la importancia de un proyecto mientras evitas el contacto visual o muestras una postura cerrada, podrías transmitir desinterés o dudas, incluso si tus palabras indican lo contrario.

También es importante ser sensible a las diferencias culturales en el lenguaje no verbal. Gestos o expresiones que son aceptables en una cultura pueden ser ofensivos o malinterpretados en otra. Por lo tanto, en entornos multiculturales, es crucial tener un conocimiento básico de estas diferencias para evitar malentendidos.

Practicar la empatía y la atención plena puede mejorar enormemente tu capacidad para interpretar y utilizar el lenguaje no verbal de manera efectiva. Esto significa estar plenamente presente en tus interacciones, observando no solo las palabras de tu interlocutor, sino también su lenguaje corporal y reacciones emocionales.

En conclusión, el dominio del lenguaje no verbal es una parte integral de las habilidades de comunicación efectiva. Ser consciente de estas señales y saber interpretarlas y utilizarlas adecuadamente enriquece tus interacciones, mejora tu capacidad de conectar con los demás y es vital para el éxito en tus relaciones personales y profesionales. Cultivar estas habilidades te permite comunicarte de manera más completa y efectiva, un aspecto esencial en la construcción de relaciones sólidas y el logro de tus objetivos.

Finalmente, la comunicación efectiva también implica la habilidad de manejar situaciones difíciles y conflictos. Esto requiere paciencia, empatía y a menudo, la habilidad de negociar y encontrar soluciones que beneficien a todas las partes involucradas.

A continuación, exploramos las diversas facetas de las habilidades de comunicación efectiva. Desde la escucha activa y la expresión clara hasta la adaptabilidad y el manejo del lenguaje no verbal, cada uno de estos aspectos contribuye a establecer y mantener interacciones exitosas y significativas con los demás. Dominar estas habilidades es esencial para el desarrollo personal y profesional, y nos permite construir relaciones más sólidas y efectivas en todos los aspectos de nuestra vida.

Escucha Activa y Empatía: Entender y conectarse con los demás.

En el arte de la comunicación, la escucha activa y la empatía son dos pilares fundamentales para entender y conectarse genuinamente con los demás. La escucha activa va más allá de simplemente oír las palabras que se dicen; implica una atención plena y una participación activa en el proceso de comunicación. Cuando practicamos la escucha activa, nos enfocamos completamente en nuestro interlocutor, entendiendo no solo el contenido de lo que se dice, sino también captando los matices emocionales y los subtextos presentes en la conversación.

La escucha activa representa una faceta esencial y a menudo subestimada de la comunicación efectiva. Esta habilidad trasciende el mero acto de oír las palabras del interlocutor; implica una atención plena y participativa en el proceso comunicativo. Al practicar la escucha activa, nos comprometemos a enfocar toda nuestra atención en la persona que habla, no solo entendiendo el contenido explícito de sus palabras, sino también percibiendo los matices emocionales y los subtextos que están presentes en la conversación.

Este tipo de escucha requiere de un esfuerzo consciente y deliberado para estar presentes en el momento, dejando de lado nuestras propias preocupaciones y prejuicios. Implica evitar la tentación de planificar nuestra respuesta mientras el otro aún está hablando, lo cual puede llevar a malinterpretaciones o a la sensación por parte del interlocutor de no ser verdaderamente escuchado.

Para practicar la escucha activa de manera efectiva, es esencial adoptar una postura de apertura y curiosidad. Esto significa estar genuinamente interesado en lo que la otra persona tiene que decir y estar dispuesto a explorar sus ideas y sentimientos. Utilizar técnicas como el parafraseo y hacer preguntas clarificadoras puede ser de gran ayuda, ya que estas prácticas no solo demuestran que estamos escuchando, sino que también nos ayudan a comprender mejor el mensaje del interlocutor.

Además, es importante prestar atención al lenguaje no verbal del hablante, como su tono de voz, gestos y expresiones faciales. Estos elementos pueden ofrecer una gran cantidad de información sobre sus emociones y actitudes reales, lo que puede ser crucial para entender completamente el mensaje que se está transmitiendo.

En definitiva, la escucha activa es una habilidad vital que enriquece nuestra capacidad de comunicarnos de manera efectiva. Nos permite no solo captar la información que se nos presenta, sino también comprender de manera más profunda y empática a nuestro interlocutor. Al dominar la escucha activa, mejoramos significativamente nuestras interacciones y relaciones, tanto en el ámbito personal como en el profesional, fomentando un ambiente de respeto, comprensión y colaboración genuina.

La escucha activa requiere de una serie de habilidades y actitudes específicas. Por ejemplo, es fundamental mostrar interés genuino en lo que la otra persona está diciendo, lo cual se puede demostrar a través del contacto visual, asentimientos y expresiones faciales que reflejen comprensión. Asimismo, es importante evitar interrumpir mientras el otro habla, lo que no solo demuestra respeto, sino que también te permite obtener una comprensión completa del mensaje que se está transmitiendo.

Por otro lado, la empatía es la capacidad de ponerse en el lugar del otro, de sentir y entender sus emociones y perspectivas. La empatía en la comunicación significa no solo escuchar las palabras, sino también sintonizar con los sentimientos y pensamientos detrás de esas palabras. Es la habilidad de reconocer y validar las emociones de los demás, incluso si no compartimos o entendemos completamente su experiencia.

Practicar la empatía en la comunicación no solo mejora las relaciones interpersonales, sino que también contribuye a resolver conflictos de manera más efectiva. La empatía te permite abordar los desacuerdos o malentendidos desde un lugar de comprensión y cuidado, en lugar de juicio o defensa. Facilita un ambiente donde las personas se sienten escuchadas, comprendidas y valoradas, lo cual es esencial para construir confianza y conexión.

La combinación de escucha activa y empatía crea una poderosa herramienta de comunicación. Al practicar estas habilidades, se fomenta un intercambio más profundo y significativo, permitiendo no solo entender mejor a los demás, sino también fortalecer los lazos personales y profesionales. En un mundo donde a menudo estamos distraídos o centrados en nosotros mismos, la capacidad de escuchar activamente y de empatizar con los demás se convierte en un acto revolucionario de conexión y entendimiento humano.

La fusión de la escucha activa y la empatía conforma una herramienta comunicativa excepcionalmente poderosa. Al cultivar y aplicar estas habilidades, propiciamos intercambios de mayor profundidad y significado, lo cual no solo mejora nuestra comprensión de los demás, sino que también fortalece nuestras relaciones, tanto en el ámbito personal como en el profesional.

Practicar la escucha activa junto con la empatía significa ir más allá de las palabras y entrar en el mundo emocional y psicológico de nuestro interlocutor. Esto nos permite no solo captar la información superficial, sino también comprender las motivaciones, preocupaciones y emociones subyacentes que influyen en lo que se dice y cómo se dice. Este nivel de comprensión profunda es esencial para construir una verdadera conexión con los demás.

En un entorno donde las distracciones son constantes y la tendencia a centrarnos en nosotros mismos es alta, desarrollar la capacidad de escuchar activamente y empatizar se convierte en un acto de conexión humana genuina. Estas habilidades nos sacan de nuestra propia perspectiva y nos abren a las experiencias y puntos de vista de otros, lo que enriquece nuestras relaciones y nuestra comprensión del mundo que nos rodea.

Fomentar la escucha activa y la empatía en nuestras interacciones diarias puede tener un impacto transformador. Nos ayuda a resolver conflictos de manera más efectiva, a crear un entorno de trabajo más colaborativo y a establecer lazos personales más sólidos y significativos.

Estas habilidades no son solo herramientas de comunicación; son esenciales para fomentar un entendimiento y una conexión humanos más profundos, cruciales en un mundo que necesita más que nunca de la comprensión y colaboración mutua.

Expresión Clara y Asertiva: Hablar con confianza y claridad.

"Expresión Clara y Asertiva: Hablar con Confianza y Claridad" constituye un capítulo esencial en nuestro viaje hacia la comunicación efectiva y el éxito personal. La habilidad para expresarse de manera clara y asertiva es fundamental en un sinfín de contextos, desde entornos profesionales hasta situaciones cotidianas. Esta capacidad no solo involucra la elección precisa de palabras y la estructuración lógica de las ideas, sino también la confianza y firmeza al transmitirlas.

Hablar con claridad implica, en primer lugar, tener un entendimiento claro del mensaje que deseas transmitir. Esto significa organizar tus pensamientos de manera coherente antes de verbalizarlos. Un mensaje claro es aquel que es directo y fácil de entender, que no deja lugar a ambigüedades o malentendidos. Para lograr esto, es útil practicar la concisión, evitando divagaciones innecesarias que puedan desviar la atención del mensaje principal.

Hablar con claridad es una habilidad esencial que comienza con una comprensión clara y precisa del mensaje que quieres comunicar. Esto implica primero organizar tus pensamientos de manera coherente y estructurada antes de expresarlos verbalmente. Un mensaje claro es aquel que transmite la idea de forma directa, sencilla y comprensible, eliminando cualquier posibilidad de ambigüedad o malentendido.

Para lograr una comunicación clara, es fundamental practicar la concisión. Esto significa ser capaz de expresar tus ideas de manera sucinta, sin divagaciones innecesarias que puedan confundir o distraer a tu audiencia del punto principal. La concisión no implica dejar de lado los detalles importantes, sino más bien elegir las palabras y las frases que mejor transmitan tu idea de la manera más directa y efectiva posible.

La claridad en la comunicación también involucra el uso de un lenguaje y términos que sean fácilmente comprensibles para tu audiencia. Evitar jergas, tecnicismos o palabras complicadas que puedan ser desconocidas para los oyentes es clave para asegurarse de que tu mensaje sea accesible y entendido por todos.

Además, es útil estructurar tus ideas de manera lógica y secuencial. Un mensaje bien estructurado facilita al receptor seguir el hilo de tus pensamientos y comprender mejor el punto que estás tratando de comunicar. Esto puede incluir el uso de ejemplos, analogías o repeticiones estratégicas de ideas clave para reforzar el mensaje.

Hablar con claridad es un arte que requiere entender completamente tu propio mensaje, organizar tus pensamientos de forma coherente y expresar tus ideas de manera concisa y directa. Al dominar esta habilidad, te aseguras de que tus mensajes sean efectivamente recibidos y comprendidos, lo cual es fundamental para una comunicación efectiva en todos los aspectos de la vida.

La asertividad, por su parte, es la habilidad de expresar tus pensamientos, sentimientos y necesidades de manera directa y respetuosa. Ser asertivo no significa ser agresivo o impositivo; se trata de afirmar tus puntos de vista y derechos sin menospreciar o ignorar los de los demás. La asertividad se manifiesta en una comunicación honesta y abierta, donde se respeta tanto a uno mismo como a los interlocutores.

El hablar con confianza es otro aspecto clave de la expresión clara y asertiva que conducen al éxito personal. La confianza al hablar no solo mejora la recepción de tu mensaje, sino que también refuerza tu credibilidad. Esta confianza se construye con la práctica y el conocimiento. Conocer bien el tema sobre el que hablas, prepararte adecuadamente para las presentaciones o discusiones, y tener una actitud positiva hacia tus habilidades comunicativas son factores que contribuyen a hablar con mayor confianza.

Además, hablar con confianza es un componente crucial de una expresión clara y asertiva, y juega un papel determinante en el camino hacia el éxito personal. La confianza en la comunicación no solo facilita una mejor recepción de tus mensajes, sino que también fortalece tu credibilidad ante los demás. Esta confianza no surge de manera espontánea; se construye a través de la práctica constante y un conocimiento profundo del tema que se está abordando.

Para desarrollar la confianza al hablar, es esencial conocer a fondo el tema sobre el cual vas a comunicarte. Esto implica investigar, estudiar y comprender los detalles y contextos relevantes. Cuando tienes un dominio claro del tema, tu confianza naturalmente aumenta, ya que te sientes preparado y seguro de lo que estás compartiendo.

La preparación adecuada es otro factor clave para hablar con confianza. Antes de una presentación, reunión o cualquier situación de comunicación importante, es vital tomarse el tiempo para prepararse. Esto puede incluir ensayar lo que vas a decir, anticipar preguntas o reacciones del público y preparar respuestas. Una preparación exhaustiva te brinda la seguridad de que estás listo para manejar la situación de manera efectiva.

Además, adoptar una actitud positiva hacia tus habilidades de comunicación es fundamental. Esto significa creer en tu capacidad para expresarte bien y transmitir tus ideas de manera efectiva. La confianza se alimenta de una mentalidad positiva; al creer en ti mismo y en tus habilidades, reduces la ansiedad y el temor, lo que se refleja en una comunicación más segura y convincente, que te hacen ascender por la escalera que te lleva al éxito personal.

Adoptar una actitud positiva hacia tus propias habilidades de comunicación es un paso esencial en el proceso de convertirse en un comunicador efectivo y asertivo. Creer en tu capacidad para expresarte adecuadamente y transmitir tus ideas de manera clara y convincente es fundamental para construir y fortalecer la confianza en ti mismo. Esta confianza en tus habilidades comunicativas se nutre directamente de una mentalidad positiva; al albergar la creencia firme en tus capacidades, comienzas a minimizar la ansiedad y el temor que a menudo acompañan a situaciones de comunicación desafiantes.

La confianza no se trata solo de mostrarse seguro externamente, sino también de sentirse seguro internamente. Cuando crees en ti mismo y en tu habilidad para comunicar tus pensamientos y sentimientos de manera efectiva, esa seguridad se manifiesta en tu manera de hablar, en tu lenguaje corporal y en tu capacidad para conectar con tu audiencia. Una actitud positiva hacia tus habilidades de comunicación te permite abordar incluso las situaciones más difíciles con un enfoque más calmado y centrado.

Esta autoconfianza no solo mejora la calidad de tu comunicación, sino que también tiene un impacto significativo en cómo te perciben los demás. Una comunicación segura y convincente aumenta tu credibilidad y autoridad, lo que puede ser crucial en ambientes profesionales y personales. Te permite presentar tus ideas de manera más efectiva y persuadir a los demás con tus argumentos.

Además, creer en tus habilidades de comunicación te ayuda a superar los obstáculos y desafíos que se presentan en el camino hacia el éxito personal. Te prepara para manejar críticas constructivas, adaptarte a diferentes estilos de comunicación y mejorar continuamente tus habilidades.

En definitiva, cultivar una actitud positiva hacia tus habilidades de comunicación es un componente clave para ascender en la escalera del éxito personal. Te permite desarrollar una comunicación más segura y convincente, lo cual es esencial para forjar relaciones sólidas, influir positivamente en los demás y alcanzar tus objetivos. Este enfoque positivo es un recurso invaluable en tu viaje hacia el desarrollo personal y profesional.

Practicar regularmente también es crucial. La confianza al hablar se fortalece con cada oportunidad de comunicación. Buscar activamente situaciones que te desafíen a hablar en público o a expresar tus ideas ante los demás te ayudará a mejorar gradualmente tu confianza y habilidades comunicativas.

Hablar con confianza es un aspecto fundamental de una comunicación efectiva y asertiva. Se basa en el conocimiento profundo del tema, una preparación adecuada, una actitud positiva y la práctica constante. Al cultivar la confianza en tu comunicación, no solo mejoras la manera en que transmites tus mensajes, sino que también elevas tu presencia y credibilidad, elementos esenciales para el éxito personal y profesional.

Por último, es importante recordar que la expresión clara y asertiva también implica ser receptivo a la retroalimentación. Esto significa estar abierto a escuchar las respuestas y reacciones de los demás, adaptando tu comunicación según sea necesario para asegurar que el mensaje no solo se entregue, sino que también sea comprendido.

En conclusión, la expresión clara y asertiva es una competencia comunicativa clave que potencia la efectividad en la transmisión de ideas y emociones. Al combinar la claridad, la asertividad y la confianza, se facilita la creación de un diálogo abierto y respetuoso, fundamental para el éxito en nuestras interacciones personales y profesionales. Desarrollar y perfeccionar estas habilidades es, por tanto, un paso vital en nuestro camino hacia una comunicación más efectiva y enriquecedora.

Manejo de Conflictos: Solución pacífica y efectiva de desacuerdos.

El manejo de conflictos es un aspecto crucial en cualquier ámbito de nuestras vidas, y su resolución pacífica y efectiva es fundamental para mantener relaciones saludables y productivas. Los desacuerdos son naturales y a menudo inevitables, pero la forma en que los abordamos puede marcar una gran diferencia en los resultados y en el bienestar de todos los involucrados.

Una solución pacífica y efectiva de conflictos comienza con la comprensión de que los desacuerdos no necesariamente son negativos. De hecho, pueden ser oportunidades para el crecimiento y la mejora si se manejan adecuadamente. La clave está en abordarlos con una mentalidad abierta y constructiva, buscando entender las perspectivas de todas las partes involucradas en lugar de simplemente imponer la propia.

El primer paso en el manejo efectivo de conflictos es la comunicación abierta y honesta. Es esencial expresar tus propios puntos de vista y sentimientos de manera clara y asertiva, al mismo tiempo que estás dispuesto a escuchar y considerar los de los demás. Esta comunicación bidireccional fomenta el entendimiento mutuo y puede revelar el núcleo del desacuerdo, lo que facilita encontrar soluciones.

El manejo efectivo de los conflictos comienza con un paso fundamental: la comunicación abierta y honesta. Este primer paso es crucial para cualquier proceso de resolución de conflictos, ya que establece una base sólida para el entendimiento mutuo y la solución efectiva de los desacuerdos.

Para comunicar tus puntos de vista y sentimientos de manera efectiva, es importante ser claro y asertivo. La claridad implica expresar tus ideas de forma directa y comprensible, evitando ambigüedades que puedan llevar a malentendidos. La asertividad, por otro lado, se refiere a la capacidad de expresar tus opiniones y necesidades de manera firme pero respetuosa, sin agresividad ni pasividad. Esto implica ser directo sobre lo que piensas y sientes, al mismo tiempo que respetas los derechos y opiniones de los demás.

Sin embargo, la comunicación efectiva en la resolución de conflictos no se limita solo a hablar; escuchar es igualmente importante. Esto significa estar realmente presente y atento cuando la otra persona está hablando, tratando de entender su perspectiva y sentimientos. Escuchar activamente no solo demuestra respeto, sino que también te proporciona información valiosa sobre las razones detrás del punto de vista de la otra persona.

Esta comunicación bidireccional, donde se equilibra la expresión de tus propios pensamientos y sentimientos con la escucha atenta de los demás, es esencial para fomentar el entendimiento mutuo. A menudo, los conflictos surgen o se perpetúan debido a malentendidos o falta de comunicación. Al compartir abierta y honestamente tus ideas, y al mismo tiempo estar abierto a las de los demás, puedes llegar al núcleo del desacuerdo. Esto no solo aclara las diferencias, sino que también abre la puerta a posibles soluciones que pueden ser satisfactorias para todas las partes involucradas.

La comunicación abierta y honesta es el primer y más importante paso en el manejo efectivo de conflictos. Al combinar la claridad y asertividad en tu expresión con una escucha activa y empática, puedes construir puentes de entendimiento y encontrar soluciones efectivas a los desacuerdos, mejorando así las relaciones y fomentando un ambiente de colaboración y respeto mutuo.

La empatía juega un papel crucial en la resolución de conflictos. Ponerse en el lugar del otro, intentar comprender sus emociones y puntos de vista, puede ayudar a suavizar tensiones y abrir el camino hacia un acuerdo. La empatía no implica necesariamente estar de acuerdo con la otra parte, sino reconocer y validar sus sentimientos y perspectivas.

Otro aspecto importante es mantener la calma y el autocontrol. Los conflictos a menudo pueden generar emociones intensas, pero permitir que estas emociones dominen la conversación puede llevar a una escalada del desacuerdo. Tomarse un momento para respirar y calmarse antes de responder puede ser muy beneficioso para mantener la discusión en un plano constructivo.

Buscar soluciones ganar-ganar es también una estrategia efectiva en el manejo de conflictos. Esto significa buscar acuerdos en los que todas las partes se sientan satisfechas con el resultado. Estas soluciones requieren a menudo creatividad y la disposición a hacer concesiones, pero pueden conducir a resultados más duraderos y satisfactorios.

Buscar soluciones de tipo ganar-ganar es una estrategia esencial y efectiva en el manejo de conflictos. Este enfoque se centra en encontrar acuerdos donde todas las partes involucradas se sientan satisfechas con los resultados, creando una situación en la que todos ganan. Este tipo de solución no solo resuelve el conflicto presente, sino que también fomenta una relación positiva y colaborativa a largo plazo.

Lograr una solución ganar-ganar requiere a menudo de creatividad y flexibilidad. Implica pensar más allá de las soluciones convencionales y estar dispuesto a explorar opciones que quizás no se hayan considerado inicialmente. La clave está en identificar y comprender las necesidades y preocupaciones de todas las partes, y luego trabajar juntos para encontrar una forma de satisfacerlas de manera equitativa.

En este proceso, es importante mantener una actitud de apertura y colaboración. Esto significa estar dispuesto a hacer concesiones y reconocer que el objetivo no es "ganar" en el sentido tradicional, sino llegar a una solución que beneficie a todos. Las concesiones no deben verse como una pérdida, sino como una inversión en la relación y en la búsqueda de un resultado mutuamente beneficioso.

El diálogo continuo y constructivo es vital para alcanzar soluciones ganar-ganar. Esto implica mantener una comunicación abierta, donde cada parte tenga la oportunidad de expresar sus ideas y preocupaciones, y donde se escuchen y consideren activamente todas las perspectivas. A través de este diálogo, se pueden descubrir intereses comunes y puntos de acuerdo que pueden ser la base para una solución satisfactoria para todos.

Finalmente, es importante recordar que alcanzar una solución ganar-ganar a veces puede requerir tiempo y paciencia. Los conflictos complejos no siempre se resuelven rápidamente, y es posible que se necesiten varias rondas de negociación y ajustes antes de llegar a un acuerdo que todos consideren justo y beneficioso.

En resumen, buscar soluciones ganar-ganar es una estrategia efectiva para manejar conflictos de manera que todos los involucrados se sientan satisfechos con el resultado. Requiere creatividad, disposición a hacer concesiones, comunicación abierta y un enfoque colaborativo. Al adoptar este enfoque, no solo se resuelven los desacuerdos de manera efectiva, sino que también se fortalecen las relaciones y se promueve un ambiente de respeto y cooperación mutua.

Por último, en algunos casos, puede ser útil la intervención de una tercera parte imparcial, como un mediador, para facilitar la resolución del conflicto. Esta persona puede ayudar a mantener el diálogo en curso, ofrecer nuevas perspectivas y ayudar a las partes a llegar a un acuerdo.

El manejo de conflictos de manera pacífica y efectiva es una habilidad vital para la convivencia armónica y el éxito en relaciones personales y profesionales. Implica comunicación abierta, empatía, autocontrol y la búsqueda de soluciones mutuamente beneficiosas, habilidades todas que pueden ser desarrolladas y perfeccionadas a lo largo del tiempo. Al abordar los conflictos de esta manera, no solo resolvemos desacuerdos, sino que también fortalecemos nuestras relaciones y fomentamos un ambiente de respeto y colaboración.

Redes de Contacto y Networking: Crear y mantener conexiones valiosas te llevan a escalar la escalera del éxito personal

"Redes de Contacto y Networking: Crear y mantener conexiones valiosas" es un tema fundamental en el ascenso por la escalera del éxito personal. En el mundo interconectado de hoy, la capacidad de establecer y cultivar una red de contactos sólida es más crucial que nunca. El networking no se trata solo de intercambiar tarjetas de visita o acumular contactos en redes sociales; es el arte de construir relaciones significativas que puedan brindar apoyo, conocimientos y oportunidades a lo largo de tu carrera y vida personal.

El networking, una habilidad esencial para el desarrollo profesional y personal, va mucho más allá del simple intercambio de tarjetas de visita o la acumulación de contactos en redes sociales. Se trata, en esencia, del arte de construir y cultivar relaciones significativas que pueden proporcionar apoyo, conocimiento y oportunidades a lo largo de tu carrera y vida.

En el corazón del networking efectivo se encuentra la capacidad de establecer conexiones auténticas con los demás. Esto significa crear vínculos basados en intereses compartidos, respeto mutuo y un interés genuino en el bienestar y éxito de los demás. En lugar de enfocarte en lo que puedes obtener de estas relaciones, considera cómo puedes aportar valor a ellas. Esto podría ser mediante la oferta de tu experiencia, tu tiempo o simplemente tu capacidad de escuchar.

Además, el networking exitoso implica ser estratégico en la selección de eventos, grupos y plataformas donde es más probable que encuentres personas con intereses y objetivos similares o complementarios a los tuyos. Una vez que estableces un contacto, es crucial mantener la relación, lo cual requiere un esfuerzo continuo y considerado. Esto puede incluir mantenerse en contacto regularmente, compartir información útil o felicitar a tus contactos por sus logros.

El networking también es una oportunidad para aprender. Cada persona que conoces tiene algo único que ofrecer, ya sea una habilidad, una perspectiva o una experiencia. Mantener una actitud de curiosidad y apertura te permitirá absorber y aprender de cada interacción, enriqueciendo así tu propio desarrollo personal y profesional.

Por último, es importante recordar que el networking debe ser visto como una inversión a largo plazo. Los beneficios de construir una red sólida y confiable a menudo no son inmediatos, pero con el tiempo, estas relaciones pueden convertirse en una fuente invaluable de oportunidades, consejos y apoyo.

El networking efectivo es mucho más que una simple acumulación de contactos; es el proceso de construir relaciones significativas que enriquecen y apoyan tu desarrollo profesional y personal. Abordarlo con autenticidad, estrategia y un compromiso a largo plazo es fundamental para aprovechar al máximo sus beneficios.

Crear una red de contactos efectiva comienza con la autenticidad. Al interactuar con otros, es esencial ser genuino en tus intenciones y mostrar un interés real en las personas con las que te conectas. Esto implica no solo hablar de tus propias aspiraciones y logros, sino también escuchar activamente y mostrar interés por las historias, necesidades y objetivos de los demás. Las conexiones más fuertes y duraderas se construyen sobre la base de la reciprocidad y el respeto mutuo.

Crear una red de contactos efectiva, uno de los pilares fundamentales para el éxito personal y profesional, inicia con un principio esencial: la autenticidad. La genuinidad en tus interacciones es vital para establecer conexiones significativas y duraderas. Esto va más allá de simplemente compartir tus logros y aspiraciones; implica también un interés auténtico y activo en conocer a las personas con las que te relacionas.

Al interactuar con otros, es crucial mostrar una disposición real a comprender sus historias, necesidades y objetivos. Esto no solo implica hablar, sino, más importante aún, practicar la escucha activa. Escuchar de verdad a los demás demuestra respeto y aprecio por sus experiencias y puntos de vista. Esta actitud fomenta un ambiente de confianza y apertura, donde las relaciones pueden florecer de manera orgánica.

La reciprocidad es otro aspecto fundamental en la construcción de una red de contactos sólida. Esto significa que la relación no debe percibirse como unidireccional; en lugar de enfocarte únicamente en lo que puedes obtener, considera también cómo puedes aportar valor a tus contactos. Puede ser ofreciendo tu ayuda, compartiendo tus conocimientos o simplemente estando disponible para ofrecer un consejo o una palabra de aliento.

Además, el respeto mutuo es la base sobre la que se construyen las relaciones duraderas. Respetar las opiniones, el tiempo y los esfuerzos de los demás crea un vínculo de confianza y respeto que es esencial para cualquier relación productiva y a largo plazo.

Para desarrollar una red de contactos efectiva, es fundamental ser auténtico, mostrar un interés genuino en los demás, practicar la escucha activa, fomentar la reciprocidad y basar las relaciones en el respeto mutuo. Estos principios no solo te ayudarán a construir una red sólida, sino que también te permitirán establecer conexiones significativas que pueden enriquecer tanto tu vida profesional como personal.

Desarrollar una red de contactos efectiva es una tarea que va más allá de la mera acumulación de nombres y números. Requiere cultivar relaciones basadas en principios clave como la autenticidad, el interés genuino por los demás, la escucha activa, la reciprocidad y el respeto mutuo. Estos fundamentos no solo son cruciales para construir una red de contactos sólida, sino que también son esenciales para forjar conexiones significativas que enriquecerán tu vida tanto en el ámbito profesional como en el personal.

La autenticidad es el pilar de cualquier relación duradera. Al ser auténtico en tus interacciones, te muestras tal como eres, lo cual fomenta la confianza y la apertura en tus relaciones. Esto significa ser honesto acerca de tus intenciones, tus fortalezas y tus limitaciones.

Mostrar un interés genuino en los demás es igualmente importante. Esto va más allá de escuchar pasivamente; implica un esfuerzo activo por comprender sus experiencias, motivaciones y desafíos. Hacer preguntas pertinentes y demostrar empatía son maneras de mostrar que realmente te importan las personas con las que te conectas.

La escucha activa es una habilidad vital en el networking. Implica prestar atención completa a lo que la otra persona está diciendo, sin distracciones ni interrupciones. Esta forma de escuchar ayuda a comprender mejor a tus contactos y a identificar áreas en las que puedes ofrecer apoyo o colaboración.

La reciprocidad es otro aspecto fundamental. Las redes de contacto efectivas se basan en el dar y recibir. Busca maneras de aportar valor a tus contactos, ya sea compartiendo información, ofreciendo tu experiencia o extendiendo tu ayuda. Esto crea un ciclo positivo de apoyo mutuo.

Finalmente, el respeto mutuo es la base para cualquier interacción exitosa. Respetar las opiniones, el tiempo y los esfuerzos de los demás establece un ambiente de confianza y colaboración, lo cual es esencial para el mantenimiento de relaciones a largo plazo.

Al integrar estos principios en tu enfoque de networking, no solo construirás una red de contactos efectiva, sino que también crearás conexiones profundas y significativas. Estas relaciones pueden ser una fuente invaluable de oportunidades, aprendizaje y crecimiento tanto en tu carrera como en tu vida personal.

Además, el networking efectivo requiere una actitud proactiva. Asistir a eventos, conferencias y seminarios relacionados con tu campo, participar en grupos y foros en línea, o incluso iniciar conversaciones en contextos menos formales, son maneras de ampliar tu red de contactos. Sin embargo, la clave es la calidad sobre la cantidad. Es preferible tener un número menor de conexiones significativas y bien cultivadas, que una larga lista de contactos con los que apenas tienes relación.

Mantener estas conexiones es tan importante como crearlas. Esto implica un seguimiento regular, ya sea a través de correos electrónicos, llamadas o reuniones ocasionales. La idea es mantener el contacto y el interés mutuo vivo, lo que puede ser crucial en momentos donde se necesite consejo, colaboración o apoyo.

Las redes de contacto también ofrecen una excelente oportunidad para el aprendizaje y el crecimiento personal. Al interactuar con una variedad de individuos, puedes ganar nuevas perspectivas, ideas y conocimientos que de otra manera no habrías considerado. Además, en momentos cruciales, tu red puede proporcionarte el acceso a oportunidades de trabajo, colaboraciones y otras situaciones que puedan impulsar tu carrera.

En conclusión, las redes de contacto y el networking efectivo son herramientas indispensables en la escalera hacia el éxito personal. Crear y mantener conexiones valiosas no solo enriquece tu experiencia profesional y personal, sino que también abre puertas a nuevas oportunidades, colaboraciones y aprendizajes. En un mundo donde las relaciones son a menudo la clave para el progreso, invertir tiempo y esfuerzo en construir una red sólida es una estrategia inteligente y provechosa para cualquier profesional.

Capítulo 4

Cuarto paso

Liderazgo y Colaboración

"El verdadero liderazgo se manifiesta no solo en la capacidad de guiar, sino en el arte de colaborar, pues es en la unión de esfuerzos donde se forjan los mayores éxitos."

Exploramos las diferentes facetas del liderazgo y la colaboración, y cómo estas habilidades se complementan mutuamente para impulsar el éxito personal y profesional.

En este capítulo, "Liderazgo y Colaboración", nos adentra en el fascinante mundo de cómo estas dos habilidades son esenciales para escalar hacia la cima del éxito personal. El liderazgo efectivo va más allá de la simple gestión de tareas o personas; se trata de inspirar, motivar y guiar a otros hacia un objetivo común. Un líder eficaz no solo se enfoca en los resultados, sino también en el desarrollo y bienestar de su equipo. Posee la visión para establecer metas claras y la capacidad para comunicar esa visión de manera que movilice y entusiasme a los demás.

Un líder eficaz comprende que el éxito no se mide únicamente por los resultados obtenidos, sino también por el desarrollo y bienestar de su equipo. Este tipo de liderazgo trasciende la mera gestión de tareas y se enfoca en fomentar un ambiente donde cada miembro del equipo pueda crecer y prosperar. Un líder verdaderamente efectivo no solo busca alcanzar objetivos, sino que también se preocupa por el crecimiento profesional y personal de las personas a su cargo.

Para ser un líder eficaz, es esencial tener una visión clara de lo que se desea alcanzar. Esta visión debe ser lo suficientemente inspiradora como para motivar y entusiasmar a los demás. Sin embargo, tener una visión no es suficiente; lo que realmente marca la diferencia es la habilidad de comunicarla efectivamente.

Un buen líder sabe cómo transmitir sus ideas de manera que resuene con su equipo, generando un compromiso genuino hacia los objetivos comunes.

La comunicación en el liderazgo va más allá de simplemente dar instrucciones o delegar tareas; implica escuchar activamente, fomentar la participación, y ser capaz de conectar con las personas a un nivel más profundo. Se trata de crear un diálogo bidireccional donde los miembros del equipo se sientan valorados y escuchados.

Además, un líder eficaz es aquel que puede movilizar al equipo, no solo mediante palabras, sino también a través del ejemplo. La capacidad de liderar con el ejemplo es una poderosa herramienta para inspirar confianza y respeto. Esto implica demostrar con acciones los valores y principios que se esperan del equipo, y mantener un estándar alto de ética y compromiso.

Por último, el liderazgo efectivo también requiere la habilidad para adaptarse y ser flexible. En un entorno en constante cambio, un líder debe estar preparado para ajustar la estrategia y el enfoque cuando sea necesario, siempre manteniendo el bienestar del equipo y los objetivos a largo plazo en mente.

El líder eficaz

Un líder eficaz es aquel que logra un equilibrio entre la consecución de resultados y el desarrollo de su equipo. Al combinar una visión clara y una comunicación efectiva con un enfoque centrado en las personas, un líder no solo alcanza objetivos, sino que también crea un entorno de trabajo inspirador y enriquecedor.

El líder eficaz se caracteriza por su habilidad para alcanzar un equilibrio óptimo entre la obtención de resultados y el fomento del desarrollo de su equipo. Este tipo de líder trasciende la mera gestión de tareas y se enfoca en la creación de un ambiente donde cada miembro se siente valorado, motivado y parte integral del éxito colectivo.

La visión clara es uno de los pilares de un liderazgo efectivo. Un líder con visión no solo establece metas y objetivos concretos, sino que también es capaz de compartir esta visión de manera que inspire y movilice a su equipo. Esta transmisión efectiva de la visión implica una comunicación clara y persuasiva, donde se destaca no solo el "qué" y el "cómo", sino también el "por qué" de los objetivos planteados.

Además, un líder eficaz pone un énfasis especial en las personas. Reconoce que los resultados no son el único indicador de éxito; el crecimiento y desarrollo de los integrantes del equipo son igualmente importantes. Esto se traduce en un liderazgo que promueve la formación continua, valora las contribuciones individuales y fomenta un ambiente de trabajo donde cada uno puede expresar sus ideas y ser escuchado.

Crear un entorno de trabajo inspirador y enriquecedor es otra cualidad de un líder eficaz. Este tipo de ambiente fomenta la creatividad, la innovación y el compromiso. Un líder efectivo sabe que un equipo motivado y comprometido es fundamental para el logro de los objetivos. Por lo tanto, se esfuerza por construir una cultura donde se celebren los logros, se aprenda de los errores y se trabaje de manera colaborativa hacia metas comunes.

Crear un entorno de trabajo inspirador y enriquecedor es una tarea esencial para un líder eficaz. Este tipo de ambiente es el caldo de cultivo para la creatividad, la innovación y el compromiso, elementos cruciales para el éxito de cualquier equipo o proyecto. Un líder eficiente comprende que, para alcanzar los objetivos establecidos, es indispensable contar con un equipo que esté motivado y comprometido con su trabajo.

Para fomentar este tipo de ambiente, el líder debe enfocarse en construir una cultura organizacional positiva. Esto implica reconocer y celebrar los logros, tanto individuales como colectivos. Celebrar los éxitos es una forma poderosa de reforzar el comportamiento positivo y aumentar la moral del equipo. Asimismo, es importante crear un espacio donde los errores sean vistos como oportunidades de aprendizaje. Un enfoque constructivo ante los fallos fomenta la toma de riesgos calculados y la experimentación, elementos clave para la innovación.

Además, un líder efectivo promueve la colaboración dentro del equipo. Esto significa alentar a los miembros del equipo a compartir ideas, trabajar juntos en la solución de problemas y apoyarse mutuamente. La colaboración no solo mejora la eficiencia y la calidad del trabajo, sino que también fortalece las relaciones interpersonales y crea un sentido de pertenencia y comunidad dentro del grupo.

Otro aspecto importante es la comunicación abierta y transparente. Mantener líneas de comunicaciones claras y abiertas es vital para un ambiente de trabajo saludable. Esto incluye no solo transmitir información de manera efectiva, sino también estar dispuesto a escuchar las preocupaciones y sugerencias de los miembros del equipo.

Finalmente, un líder efectivo proporciona oportunidades para el crecimiento y desarrollo profesional. Esto puede incluir la oferta de formación, el fomento de nuevos retos y responsabilidades y el apoyo en la carrera profesional de los empleados. Al invertir en el desarrollo de su equipo, un líder no solo mejora las capacidades del grupo, sino que también muestra un compromiso genuino con el bienestar y el progreso de sus miembros.

Crear un entorno de trabajo inspirador y enriquecedor es fundamental para un liderazgo efectivo. Al fomentar un espacio donde se celebren los logros, se aprenda de los errores, se colabore estrechamente y se comunique de manera abierta y honesta, un líder no solo alcanza los objetivos establecidos, sino que también contribuye al desarrollo y bienestar de su equipo, creando así las condiciones para el éxito sostenido y compartido.

El líder eficaz es aquel que combina habilidades de gestión con un fuerte enfoque en las personas. Al equilibrar la consecución de resultados con el desarrollo del equipo, y al combinar una visión clara con una comunicación efectiva, este tipo de liderazgo no solo alcanza metas, sino que también crea un entorno de trabajo dinámico y positivo, propicio para el crecimiento y la satisfacción de todos sus miembros.

El líder eficaz representa la unión perfecta entre habilidades de gestión y una orientación centrada en las personas. Este tipo de líder entiende que el éxito no reside únicamente en alcanzar resultados, sino también en el desarrollo integral de su equipo. Al equilibrar estos dos aspectos, se crea un ambiente de trabajo que no solo es productivo, sino también enriquecedor y motivador para todos sus integrantes.

Un elemento clave de un liderazgo eficaz es la capacidad de establecer una visión clara y compartirla de manera que inspire y movilice al equipo. Esta visión proporciona una dirección y un propósito común, alineando los esfuerzos individuales hacia objetivos más amplios.

Sin embargo, una visión por sí sola no es suficiente; el líder debe también ser capaz de comunicarla efectivamente, asegurándose de que cada miembro del equipo, comprenda su rol y la importancia de su contribución al objetivo final.

Además, el líder eficaz pone un gran énfasis en el desarrollo de sus colaboradores. Esto significa no solo delegar tareas y responsabilidades, sino también proporcionar oportunidades de aprendizaje y crecimiento. Se trata de un liderazgo que valora y reconoce el potencial de cada persona, ofreciendo retroalimentación constructiva y apoyo para superar desafíos.

Este tipo de liderazgo también implica crear un entorno de trabajo dinámico y positivo. Un ambiente donde se fomente la innovación, se valore la creatividad y se celebren los éxitos, tanto individuales como colectivos. En este entorno, los errores se ven como oportunidades para aprender y mejorar, lo que fomenta un clima de confianza y apertura.

Por último, un líder eficaz sabe que el verdadero liderazgo no se trata de ejercer poder o control, sino de servir y habilitar a su equipo para alcanzar su máximo potencial. Es un liderazgo que se gana el respeto y la admiración no solo por los logros alcanzados, sino también por el compromiso con el bienestar y desarrollo de sus colaboradores.

El liderazgo eficaz es aquel que logra un equilibrio entre la gestión de resultados y el enfoque en el desarrollo humano. Al combinar una visión clara con una comunicación efectiva y un enfoque centrado en las personas, este tipo de liderazgo no solo cumple metas, sino que también crea un ambiente de trabajo en el que todos los miembros se sienten valorados, motivados y parte de un proyecto mayor, conduciendo así a un éxito compartido y sostenido.

La colaboración, por otro lado, es el arte de trabajar conjuntamente con otros para lograr un objetivo común. En un mundo cada vez más interconectado y dependiente del trabajo en equipo, la habilidad para colaborar efectivamente es más importante que nunca. La colaboración exitosa no solo implica combinar habilidades y conocimientos, sino también construir relaciones basadas en la confianza, el respeto y la apertura a las ideas y perspectivas de los demás.

La colaboración, un componente vital en el camino hacia el éxito, se define como el arte de trabajar de manera conjunta con otros para alcanzar un objetivo común. En un mundo cada vez más interconectado, donde el trabajo en equipo se ha convertido en una norma, la capacidad de colaborar eficazmente se destaca como una habilidad indispensable. La colaboración exitosa va más allá de la simple suma de habilidades y conocimientos individuales; se trata de crear una sinergia donde el conjunto es mayor que la suma de sus partes.

Esta sinergia se logra, en primer lugar, mediante la construcción de relaciones sólidas basadas en la confianza y el respeto mutuo. Estos elementos son el cimiento sobre el cual se edifica una colaboración efectiva. Cuando hay confianza, los miembros del equipo se sienten seguros para compartir ideas, tomar riesgos y expresar opiniones, sabiendo que serán valorados y considerados.

La sinergia en cualquier equipo o grupo de trabajo se logra fundamentalmente a través de la construcción de relaciones sólidas que se fundamentan en la confianza y el respeto mutuo. Estos dos elementos son pilares esenciales para una colaboración efectiva y productiva. La confianza, en particular, es el cimiento que permite a los miembros del equipo sentirse seguros y respaldados para compartir sus ideas, asumir riesgos y expresar abiertamente sus opiniones.

En un ambiente donde predomina la confianza, cada integrante sabe que sus contribuciones serán valoradas y consideradas, lo que fomenta un espacio de creatividad y apertura. Este tipo de entorno es propicio para la innovación, ya que los miembros del equipo no temen ser juzgados o desacreditados por sus propuestas o puntos de vista.

El respeto mutuo es igualmente crucial en la dinámica de trabajo colaborativo. Se trata de reconocer y valorar las habilidades, experiencias y perspectivas de cada persona, independientemente de su posición o rol en el equipo. Un ambiente de respeto mutuo permite que todos los miembros se sientan parte integral del grupo, promoviendo una colaboración más inclusiva y efectiva.

Para cultivar estas relaciones de confianza y respeto, es esencial la comunicación clara y honesta. Los líderes y miembros del equipo deben esforzarse por ser transparentes en sus comunicaciones, expresando sus ideas, expectativas y preocupaciones de manera abierta. Esto no solo reduce malentendidos, sino que también fortalece las relaciones interpersonales dentro del grupo.

Además, es importante fomentar un ambiente donde se reconozcan y celebren los logros individuales y colectivos. Reconocer el esfuerzo y la contribución de cada miembro del equipo no solo aumenta la moral, sino que también refuerza la sensación de pertenencia y valor dentro del grupo.

La sinergia en un equipo se basa en la confianza y el respeto mutuo, fundamentos que permiten una colaboración efectiva y armónica. Al fomentar un ambiente donde se valoren las ideas, se respeten las contribuciones de todos y se comunique de manera transparente, se crea una dinámica de trabajo en la que todos los miembros pueden prosperar y contribuir al éxito colectivo.

El respeto mutuo es igualmente crucial. Implica reconocer y valorar las contribuciones de cada integrante del equipo, independientemente de su rol o estatus. Un ambiente donde prevalece el respeto fomenta una colaboración más abierta y productiva, ya que cada persona se siente apreciada y parte integral del proceso.

La apertura a las ideas y perspectivas de los demás es otro aspecto clave de la colaboración efectiva. Esto significa estar dispuesto a escuchar y considerar diferentes puntos de vista, incluso cuando no coinciden con los propios. La diversidad de pensamiento enriquece el proceso de colaboración, aportando soluciones más creativas y efectivas a los desafíos que se presentan.

Además, la colaboración requiere de una comunicación clara y efectiva. La habilidad para comunicar ideas, expectativas y preocupaciones de manera abierta y honesta es esencial para evitar malentendidos y asegurar que todos los miembros del equipo estén alineados con los objetivos comunes.

Por último, la colaboración exitosa también implica la habilidad para integrar y coordinar eficazmente las diferentes habilidades y conocimientos de los integrantes del equipo. Esto no solo mejora la eficiencia y la efectividad del equipo, sino que también proporciona oportunidades de aprendizaje y desarrollo personal para sus miembros.

En conclusión, la colaboración es una habilidad esencial en el mundo actual, que requiere construir relaciones de confianza y respeto, estar abierto a diversas ideas y perspectivas, comunicar de manera efectiva y coordinar habilidades y conocimientos. Al dominar el arte de la colaboración, no solo se logran objetivos comunes, sino que también se fortalecen las relaciones personales y profesionales, abriendo camino hacia el éxito compartido.

El liderazgo y la colaboración están intrínsecamente entrelazados. Un buen líder reconoce la importancia de fomentar un ambiente donde la colaboración florezca. Esto significa crear un espacio seguro para la expresión de ideas, fomentar la participación activa de todos los miembros del equipo y reconocer y valorar las contribuciones de cada uno. Al mismo tiempo, una colaboración efectiva puede potenciar las cualidades de liderazgo en sus participantes, alentando la iniciativa y el compromiso con los objetivos del grupo.

Exploramos las diferentes facetas del liderazgo y la colaboración, y cómo estas habilidades se complementan mutuamente para impulsar el éxito personal y profesional. Aprenderemos sobre la importancia de la comunicación efectiva, la empatía, la toma de decisiones, la resolución de conflictos y la capacidad de motivar e inspirar a los demás. También abordaremos cómo el liderazgo y la colaboración pueden ser aplicados no solo en entornos profesionales, sino en todos los aspectos de la vida, ayudando a construir relaciones más sólidas y satisfactorias.

El liderazgo y la colaboración no son habilidades exclusivas de unos pocos; son capacidades que todos podemos desarrollar y perfeccionar. Este capítulo te brindará las herramientas y conocimientos necesarios para mejorar estas habilidades, lo que te permitirá ascender con confianza hacia la cima de tu éxito personal.

Principios de Liderazgo Inspirador: Cómo motivar e inspirar a otros.

Este es un tema esencial en el desarrollo de habilidades de liderazgo. Un líder inspirador no solo dirige o gestiona, sino que también motiva y enciende una chispa de entusiasmo y compromiso en su equipo. Este tipo de liderazgo trasciende la mera ejecución de tareas; se trata de influir positivamente en las personas, guiándolas hacia la realización de objetivos comunes y el crecimiento personal y colectivo.

El primer principio de un liderazgo inspirador es la pasión. Un líder apasionado por su trabajo y sus objetivos es contagioso; su entusiasmo se transmite al equipo, generando un ambiente de energía y dedicación. La pasión es el combustible que impulsa la innovación y el esfuerzo sostenido, y es un componente clave para motivar a otros.

El primer y fundamental principio de un liderazgo inspirador es, sin duda, la pasión. Un líder que demuestra pasión por su trabajo y sus objetivos tiene un efecto contagioso en todo su equipo. Esta pasión se manifiesta como un entusiasmo genuino y palpable, capaz de crear un ambiente cargado de energía y compromiso. Un líder apasionado actúa como un catalizador, despertando un sentimiento similar en sus colaboradores y fomentando un clima de motivación y dedicación.

La pasión de un líder no solo impulsa a las personas a dar lo mejor de sí mismas, sino que también es una fuente de inspiración continua. Es el motor que impulsa la innovación y el esfuerzo continuado, alentando al equipo a superar obstáculos y a buscar constantemente nuevas maneras de mejorar y crecer. Cuando un líder muestra pasión por un proyecto o una causa, esto se traduce en una visión clara y atractiva que otros desean seguir y apoyar.

Además, la pasión en el liderazgo contribuye significativamente a la moral y al espíritu del equipo. Un líder que demuestra entusiasmo y confianza en sus objetivos crea un efecto positivo que se refleja en la actitud de sus colaboradores. Esto lleva a un aumento en la productividad, la creatividad y el compromiso general del equipo.

Sin embargo, es importante que esta pasión se equilibre con otras cualidades de liderazgo, como la empatía y la capacidad de escuchar. Un líder apasionado también debe ser receptivo a las ideas y necesidades de su equipo, asegurándose de que su pasión no se convierta en una visión unidireccional.

La pasión es el pilar sobre el cual se construye un liderazgo verdaderamente inspirador. Al mostrar pasión por su trabajo y sus objetivos, un líder no solo impulsa la innovación y el esfuerzo sostenido, sino que también enciende la chispa de la motivación en su equipo, creando un ambiente dinámico y estimulante que es esencial para alcanzar el éxito.

Otro aspecto crucial es la empatía. Un líder inspirador se esfuerza por comprender las necesidades, preocupaciones y aspiraciones de su equipo. Esta capacidad para ponerse en el lugar de los demás no solo mejora las relaciones, sino que también facilita la creación de estrategias que resonarán profundamente con el equipo. La empatía permite al líder conectar a nivel personal, fortaleciendo los vínculos y fomentando un sentido de comunidad y apoyo mutuo.

La comunicación efectiva es otro pilar del liderazgo inspirador. Un líder debe ser capaz de transmitir su visión y objetivos de manera clara y convincente. Esto implica no solo hablar, sino también escuchar activamente, promoviendo un diálogo abierto donde todos se sientan escuchados y valorados. Una comunicación clara y abierta evita malentendidos y alinea al equipo con la visión y metas comunes.

El liderazgo inspirador se basa en el ejemplo

Además, el liderazgo inspirador se basa en el ejemplo. Los líderes que actúan de acuerdo con sus palabras y demuestran integridad y compromiso en sus acciones establecen un modelo a seguir. Este liderazgo por el ejemplo es una poderosa herramienta para inspirar y motivar, ya que muestra coherencia entre los valores proclamados y las acciones realizadas.

El liderazgo inspirador se fundamenta esencialmente en el ejemplo. Los líderes que realmente marcan la diferencia son aquellos que actúan en consonancia con sus palabras, demostrando con sus acciones la integridad y el compromiso que predican. Este tipo de liderazgo, basado en el ejemplo, se convierte en una herramienta poderosa para inspirar y motivar a los demás, ya que establece un estándar de coherencia entre los valores declarados y las acciones ejecutadas.

Cuando un líder actúa de acuerdo con sus principios y convicciones, se convierte en un modelo a seguir para su equipo. Esta consistencia no solo fomenta la confianza y el respeto, sino que también impulsa a los miembros del equipo a imitar estas actitudes positivas y comportamientos éticos. Ver a un líder que practica lo que predica es sumamente motivador, ya que demuestra que los valores y metas proclamados son alcanzables y genuinos.

Además, el liderazgo por el ejemplo implica una responsabilidad y una autenticidad en cada decisión y acción. Un líder que demuestra integridad y compromiso en su comportamiento diario crea un ambiente de trabajo en el que la honestidad y la ética son la norma, no la excepción. Esto anima a los demás a actuar con la misma integridad y a aspirar a altos estándares personales y profesionales.

Este tipo de liderazgo también implica reconocer y aprender de los errores. Un líder que admite sus fallos y muestra disposición para mejorar envía un mensaje claro: que todos son humanos y que el error es parte del proceso de aprendizaje y crecimiento. Esto fomenta una cultura de apertura y mejora continua dentro del equipo.

El liderazgo inspirador que se basa en el ejemplo es fundamental para fomentar un equipo motivado y comprometido. Este liderazgo, que demuestra coherencia entre los valores y las acciones, no solo inspira confianza y respeto, sino que también motiva a los miembros del equipo a desarrollar su potencial y a trabajar juntos hacia metas comunes. Un líder que lidera con el ejemplo es un verdadero inspirador, capaz de guiar a su equipo hacia el éxito y el desarrollo continuo.

Finalmente, un líder inspirador sabe reconocer y valorar el trabajo de su equipo.

La apreciación y el reconocimiento son fundamentales para mantener la moral alta y motivar a las personas a dar lo mejor de sí mismas. Celebrar los logros, tanto grandes como pequeños, y reconocer el esfuerzo individual y colectivo, son prácticas que refuerzan la motivación y el compromiso.

Los principios de un liderazgo inspirador incluyen la pasión, la empatía, la comunicación efectiva, el liderazgo por el ejemplo y el reconocimiento del trabajo del equipo. Al incorporar estos principios, un líder no solo guía hacia la consecución de metas, sino que también inspira, motiva y fomenta un entorno de trabajo positivo y enriquecedor, clave para el éxito y la satisfacción de todos los involucrados.

Trabajo en Equipo y Sinergia: Colaborar eficientemente con otros.

El trabajo en equipo y la creación de sinergia son elementos cruciales en cualquier entorno colaborativo, y su importancia no puede ser subestimada. La habilidad de colaborar eficientemente con otros implica más que simplemente trabajar junto a colegas; se trata de combinar habilidades, conocimientos y esfuerzos de manera que el resultado conjunto supere lo que cada individuo podría lograr por sí solo. Esta sinergia, el poderoso resultado de una colaboración efectiva, es lo que convierte al trabajo en equipo en una herramienta tan valiosa para alcanzar objetivos comunes.

Para colaborar eficientemente, es fundamental desarrollar una comunicación clara y efectiva. Esto significa no solo expresar tus propias ideas y opiniones, sino también escuchar activamente y considerar las de los demás. Una comunicación abierta y respetuosa es la base para entenderse mutuamente y para trabajar juntos de manera cohesiva y productiva.

Para lograr una colaboración eficiente y productiva, es imprescindible desarrollar habilidades de comunicación clara y efectiva. Esto implica mucho más que simplemente expresar tus propias ideas y opiniones; también es crucial escuchar activamente y prestar atención a lo que los demás tienen que decir. Una comunicación efectiva no se trata solo de hablar, sino también de comprender.

Expresar tus ideas de manera clara y concisa facilita que los demás entiendan tu punto de vista y tus propuestas. Esto significa utilizar un lenguaje que sea directo y al mismo tiempo inclusivo, evitando malentendidos y asegurando que tu mensaje sea recibido como lo has planeado. Es importante ser específico y evitar ambigüedades, especialmente cuando se trabaja en proyectos que requieren precisión y detalle.

Sin embargo, la otra cara de la moneda, igualmente importante, es la escucha activa. Escuchar activamente significa dar toda tu atención a la persona que está hablando, sin interrumpir ni distraerte. Es intentar entender no solo las palabras, sino también el contexto y las emociones que subyacen en el mensaje. La escucha activa permite que se establezca un verdadero diálogo, donde todas las partes sienten que sus ideas y opiniones son valoradas y tenidas en cuenta.

Una comunicación abierta y respetuosa es fundamental en cualquier equipo de trabajo. Esto implica no solo compartir tus pensamientos, sino también estar abierto a las ideas y perspectivas de los demás, incluso si difieren de las tuyas. Un ambiente donde se fomenta la comunicación abierta permite que emerjan nuevas ideas, fomenta la innovación y ayuda a resolver conflictos de manera constructiva.

Por último, para trabajar juntos de manera cohesiva y productiva, es esencial que todos los miembros del equipo se comprometan a practicar estas habilidades de comunicación. Esto incluye dar y recibir retroalimentación de manera constructiva, clarificar dudas y asegurarse de que hay un entendimiento común de los objetivos y tareas.

Una comunicación clara y efectiva es el pilar sobre el cual se construye una colaboración exitosa. Al combinar la expresión clara de ideas con la escucha activa y el respeto por las perspectivas de los demás, se crea un entorno de trabajo donde todos pueden contribuir eficazmente y trabajar juntos de manera armónica y productiva.

Además, el respeto por la diversidad de habilidades y perspectivas es clave en el trabajo en equipo. Cada miembro aporta una combinación única de talentos y experiencias, y valorar estas diferencias enriquece el proceso colaborativo. Reconocer y utilizar las fortalezas de cada uno permite al equipo abordar los desafíos desde múltiples ángulos y encontrar soluciones más creativas y efectivas.

La confianza mutua también juega un papel importante en la colaboración eficaz. Un ambiente donde los miembros del equipo confían unos en otros fomenta la toma de riesgos, la innovación y la honestidad. Cuando se confía en que cada persona hará su parte y se respaldarán mutuamente, se crea un entorno de trabajo más relajado y seguro, lo que a su vez mejora la productividad y la satisfacción.

Por último, el compromiso con un objetivo común es lo que realmente une al equipo. Cuando todos los miembros están comprometidos con el mismo fin, la motivación y el esfuerzo colectivo se orientan hacia la consecución de ese objetivo. Esto requiere un claro entendimiento de la misión del equipo, así como un sentido compartido de propósito y responsabilidad.

El trabajo en equipo y la creación de sinergia son fundamentales para colaborar eficientemente con otros. Una comunicación clara, el respeto por la diversidad, la confianza mutua y el compromiso con un objetivo común son los pilares que sostienen un equipo fuerte y efectivo. Al cultivar estas cualidades, los equipos pueden alcanzar niveles de éxito y satisfacción que van más allá de las capacidades individuales, llevando a cada miembro, y al grupo en su conjunto, hacia nuevos horizontes de logros y crecimiento.

Delegación y Empoderamiento:
Maximizar el potencial del equipo.

Es un capítulo esencial para entender cómo un liderazgo eficaz puede potenciar las capacidades de un grupo de trabajo. La delegación y el empoderamiento son dos herramientas clave en el arsenal de un líder, ya que permiten no solo una gestión más eficiente del tiempo y los recursos, sino también el desarrollo y crecimiento de los miembros del equipo.

La delegación implica asignar tareas y responsabilidades a los miembros del equipo, pero va mucho más allá de simplemente repartir trabajo. Se trata de confiar en las habilidades y capacidades de los colaboradores, permitiéndoles tomar la iniciativa y responsabilizarse de sus proyectos. Un buen líder sabe identificar las fortalezas de cada integrante del equipo y delegar tareas de manera que alinee estas fortalezas con los objetivos del proyecto o de la organización.

La delegación, una habilidad crucial en el liderazgo, es un proceso que va más allá de la simple distribución de tareas y responsabilidades entre los miembros de un equipo. Implica un acto de confianza en las habilidades y capacidades de los colaboradores, otorgándoles la oportunidad de tomar la iniciativa y asumir la responsabilidad sobre sus proyectos. Esta práctica no solo es una manera eficiente de gestionar el trabajo, sino que también juega un papel vital en el desarrollo y empoderamiento de cada integrante del equipo.

Un líder efectivo no delega tareas al azar. Por el contrario, dedica tiempo a entender y reconocer las fortalezas únicas y habilidades de cada miembro de su equipo. Este conocimiento permite al líder asignar responsabilidades de manera estratégica, asegurando que cada tarea esté alineada con las habilidades y competencias del colaborador designado. De esta manera, no solo se maximiza la eficiencia y efectividad del trabajo realizado, sino que también se fomenta un sentido de satisfacción y realización personal en los colaboradores, al saber que sus talentos y habilidades son reconocidos y valorados.

La delegación efectiva también implica proporcionar la autonomía necesaria para que los colaboradores puedan llevar a cabo sus tareas con cierta independencia. Esto significa confiar en su juicio y habilidades para tomar decisiones, lo cual es un componente clave para su crecimiento profesional. Al mismo tiempo, es importante que el líder esté disponible para ofrecer orientación y apoyo cuando sea necesario, garantizando así un equilibrio entre la independencia y el acceso a la ayuda y recursos necesarios.

Por último, la delegación exitosa requiere una comunicación clara sobre las expectativas y los objetivos de cada tarea o proyecto. Asegurarse de que los colaboradores entiendan no solo lo que se espera de ellos, sino también cómo su trabajo contribuye al éxito general del equipo y de la organización, es esencial para mantener a todos enfocados y motivados.

Delegar de manera efectiva es una habilidad de liderazgo que implica mucho más que repartir trabajo. Se trata de reconocer y aprovechar las fortalezas de los miembros del equipo, otorgándoles responsabilidad y autonomía, y comunicando claramente las expectativas y objetivos. Al hacerlo, un líder no solo mejora la eficiencia y productividad del equipo, sino que también contribuye significativamente al desarrollo profesional y personal de sus colaboradores.

El proceso de delegación también implica proporcionar las herramientas y recursos necesarios para que los miembros del equipo puedan realizar sus tareas eficazmente. Esto incluye información, formación y acceso a recursos, así como apoyo y orientación cuando sea necesario. Al delegar de manera efectiva, el líder libera su propio tiempo para enfocarse en tareas estratégicas, al mismo tiempo que fomenta un ambiente de confianza y autonomía.

Por otro lado, el empoderamiento es un paso más allá de la delegación. Se trata de dar a los miembros del equipo no solo tareas, sino también el poder de tomar decisiones y la autoridad para llevar a cabo sus responsabilidades de manera autónoma. El empoderamiento implica creer en la capacidad de los colaboradores para tomar decisiones acertadas y manejar situaciones complejas. Esta confianza aumenta la motivación y el compromiso, ya que los miembros del equipo se sienten valorados y reconocidos.

Un líder que empodera a su equipo también fomenta un entorno de aprendizaje y desarrollo y por consecuencia se abre un camino a escalar hacia la cima. Al permitir que los colaboradores enfrenten desafíos y resuelvan problemas por sí mismos, se promueve el crecimiento personal y profesional. Además, el empoderamiento conduce a una mayor innovación y creatividad, ya que los miembros del equipo se sienten seguros para experimentar y proponer nuevas ideas.

Un líder que empodera a su equipo desempeña un papel crucial en la creación de un ambiente propicio para el aprendizaje y el desarrollo continuo. Este enfoque de liderazgo no solo abre el camino para que el equipo escale hacia la cima del éxito, sino que también fomenta un entorno donde el crecimiento personal y profesional es una constante. Al empoderar a los colaboradores, permitiéndoles enfrentar desafíos y resolver problemas por sí mismos, se les brinda la oportunidad de desarrollar sus habilidades, aumentar su confianza y ganar una valiosa experiencia.

El empoderamiento es una herramienta poderosa para impulsar la innovación y la creatividad dentro del equipo. Cuando los miembros se sienten seguros y respaldados, están más dispuestos a tomar riesgos calculados, experimentar con nuevas ideas y explorar soluciones creativas a los problemas. Este ambiente de libertad y confianza incita a los colaboradores a pensar fuera de los esquemas tradicionales y a proponer enfoques innovadores.

Además, un líder que empodera a su equipo promueve la autonomía, pero siempre dentro de un marco de apoyo y orientación. Esto significa proporcionar la guía necesaria, pero también dar espacio para que los miembros del equipo tomen sus propias decisiones y aprendan de sus experiencias. Al equilibrar la autonomía con el apoyo adecuado, el líder ayuda a los colaboradores a desarrollar un sentido de responsabilidad y compromiso con sus tareas y proyectos.

El empoderamiento también implica reconocer y valorar las aportaciones de cada miembro del equipo. Este reconocimiento refuerza la autoestima y motiva a los colaboradores a seguir contribuyendo de manera significativa. Además, celebrar los éxitos y aprender de los errores en un entorno de respeto y apertura contribuye a la construcción de un equipo sólido y unido.

Empoderar a los miembros del equipo es una estrategia esencial para cualquier líder que busque maximizar el potencial de su grupo. Al fomentar un ambiente de aprendizaje, desarrollo, innovación y creatividad, el líder no solo promueve el crecimiento personal y profesional de los colaboradores, sino que también allana el camino para alcanzar juntos la cima del éxito.

La delegación y el empoderamiento son estrategias fundamentales para maximizar el potencial de un equipo. Al delegar de manera inteligente y empoderar a los colaboradores para que tomen la iniciativa, un líder no solo mejora la eficiencia y productividad del equipo, sino que también contribuye al desarrollo de sus miembros, creando así un equipo más fuerte, motivado y capaz de alcanzar grandes logros.

Integridad y Ética: Ser un líder respetado y confiable.

Abordamos dos de las cualidades más esenciales en el liderazgo. La integridad y la ética son los pilares sobre los cuales se construye la confianza y el respeto en cualquier ámbito de liderazgo. Un líder que demuestra integridad es aquel que actúa con honestidad y coherencia, manteniendo sus principios y valores incluso en situaciones desafiantes. Esta integridad se traduce en acciones que son congruentes con las palabras, estableciendo así un ejemplo de rectitud y confiabilidad para el equipo.

Por otro lado, la ética en el liderazgo implica tomar decisiones que no solo buscan el éxito o el beneficio, sino que también consideran el bienestar y los derechos de los demás. Un líder ético se preocupa por el impacto de sus acciones en su equipo, en la organización y en la sociedad en general. Esta sensibilidad hacia las implicaciones morales de las decisiones fortalece la confianza y el respeto que los demás tienen hacia el líder.

La ética en el liderazgo es un aspecto que va más allá de la búsqueda del éxito o del beneficio personal y organizacional. Se trata de una comprensión y consideración profundas hacia el bienestar y los derechos de las personas involucradas y afectadas por las decisiones tomadas. Un líder ético es consciente del impacto que sus acciones pueden tener no solo en su equipo y en la organización, sino también en la sociedad en general.

Esta sensibilidad hacia las implicaciones morales de sus decisiones es lo que diferencia a un líder ético. Tal líder evalúa las consecuencias de sus acciones, ponderando los beneficios contra los posibles daños o injusticias. Esta forma de liderar no solo busca resultados positivos, sino que también se asegura de que estos se logren de manera justa y responsable.

La preocupación por el impacto ético de las decisiones fomenta un ambiente de confianza y respeto dentro del equipo y la organización. Los colaboradores y colegas tienden a confiar más en líderes que demuestran una preocupación genuina por el bienestar de los demás y que toman decisiones basadas en principios morales sólidos. Esta confianza se gana a través de un liderazgo que consistentemente muestra integridad y honradez.

Además, un líder ético sirve como modelo a seguir, estableciendo un estándar alto de comportamiento para toda la organización. Al actuar de manera ética, inspira a otros a hacer lo mismo, creando así una cultura organizacional donde la ética y la integridad son valoradas y practicadas por todos.

Un líder ético es un ejemplo

Un líder ético se destaca no solo por sus decisiones y acciones, sino también por su influencia como modelo a seguir dentro de la organización. Al mantener un comportamiento guiado por principios éticos, este tipo de líder establece un estándar elevado para todos en la organización. Su conducta se convierte en un ejemplo palpable de cómo se deben abordar las situaciones y tomar decisiones, infundiendo así un sentido de responsabilidad y moralidad en toda la estructura organizacional.

Actuar éticamente implica mucho más que seguir reglas o normas; se trata de una comprensión profunda de lo correcto y lo incorrecto, y de aplicar esta comprensión en cada decisión tomada. Un líder que demuestra ética en su comportamiento diario muestra a sus colaboradores que el éxito no se mide solo en términos de resultados, sino también en cómo se alcanzan esos resultados. Este enfoque ético en el liderazgo inspira a otros a adoptar prácticas similares, fomentando un ambiente donde la integridad y la honestidad son la norma, no la excepción.

La influencia de un líder ético en la cultura organizacional es significativa. Al priorizar la ética y la integridad, se crea una cultura en la que estas cualidades son valoradas y practicadas por todos. Esto conduce a una organización donde la confianza, el respeto y la justicia son fundamentales. En un entorno así, los empleados se sienten más comprometidos y motivados, sabiendo que forman parte de una organización que valora la rectitud y la responsabilidad.

Además, una cultura organizacional que enfatiza la ética atrae y retiene talentos que comparten estos valores, lo que contribuye a la construcción de un equipo sólido y coherente. Los colaboradores que trabajan en un entorno ético y de apoyo tienen más probabilidades de sentirse satisfechos con su trabajo, lo que reduce la rotación de personal y mejora la reputación de la organización.

Un líder ético juega un papel crucial en el establecimiento de una cultura organizacional donde la ética y la integridad son centrales. Al actuar como un modelo a seguir ético, este líder no solo guía a su equipo hacia el éxito, sino que también asegura que dicho éxito se logre de una manera que sea honorable y respetable. Esta influencia ética en la organización crea un ambiente de trabajo más saludable y sostenible, donde todos se esfuerzan por mantener altos estándares de conducta y toma de decisiones.

La ética en el liderazgo es crucial para construir y mantener la confianza y el respeto en cualquier ámbito de trabajo. Un líder ético toma decisiones conscientes del impacto que estas pueden tener en los demás, guiándose por principios morales y preocupándose genuinamente por el bienestar de su equipo, la organización y la sociedad. Este enfoque ético no solo es fundamental para un liderazgo respetado y confiable, sino que también contribuye al desarrollo de una cultura organizacional sólida y responsable.

La integridad y la ética son fundamentales para ser un líder respetado y confiable. Los colaboradores y colegas tienden a seguir y apoyar a líderes que perciben como justos, honestos y éticos. Esta confianza no se otorga automáticamente; se gana a través de acciones consistentes y principios firmes. Un líder que muestra integridad y ética fomenta un ambiente de trabajo transparente y justo, donde todos se sienten valorados y respetados.

Además, un líder con estas cualidades inspira a su equipo a adoptar también estos valores. Esto lleva a una cultura organizacional donde la integridad y la ética son la norma, no la excepción. En un entorno así, es más probable que se tomen decisiones responsables y se mantenga una alta moral.

La integridad y la ética son esenciales para ser un líder efectivo, respetado y confiable. Al actuar con honestidad, coherencia y consideración por las consecuencias morales de las decisiones, un líder no solo establece un estándar alto para sí mismo, sino que también promueve un entorno de confianza, respeto y justicia en su equipo y organización. Estas cualidades son fundamentales para construir relaciones sólidas y duraderas, tanto dentro como fuera del ámbito laboral.

La integridad y la ética son pilares fundamentales para cualquier líder que aspire a ser efectivo, respetado y confiable. Estas cualidades van más allá de la simple gestión eficiente; son esenciales para establecer una base sólida de confianza y respeto en cualquier equipo u organización. Un líder que actúa con honestidad y coherencia, y que considera cuidadosamente las consecuencias morales de sus decisiones, no solo se establece a sí mismo como un modelo a seguir, sino que también crea un ambiente de trabajo donde prevalecen la confianza, el respeto y la justicia.

Actuar con integridad significa ser fiel a tus principios y valores, incluso en situaciones difíciles o cuando enfrentas presiones externas. Es mantener una línea de conducta que refleje honestidad y transparencia en todas las acciones y decisiones. Esta coherencia entre lo que se dice y lo que se hace es lo que fortalece la confianza de los colaboradores en su líder.

Por otro lado, la ética en el liderazgo implica tomar decisiones que consideren no solo los resultados o beneficios, sino también el bienestar y los derechos de los involucrados. Un líder ético reflexiona sobre el impacto de sus acciones, no solo en términos de éxito organizacional, sino también en términos de las implicaciones morales y sociales.

Estas cualidades no solo son cruciales para una gestión efectiva, sino que también son esenciales para construir y mantener relaciones sólidas y duraderas, tanto dentro del ámbito laboral como en el personal. En un entorno donde la integridad y la ética son valoradas y practicadas, se fomenta un clima de seguridad y confianza mutua, lo que facilita la colaboración, la innovación y el compromiso.

La integridad y la ética son fundamentales para el liderazgo efectivo. Un líder que demuestra estas cualidades no solo se gana el respeto y la confianza de su equipo, sino que también contribuye a crear una cultura organizacional saludable y ética. Este tipo de liderazgo no solo alcanza objetivos, sino que también lo hace de una manera que es honorable y justa, lo que a su vez tiene un impacto positivo en todos los aspectos de la organización y más allá.

Capítulo 5

Quinto paso

Gestión del Tiempo y Productividad

Entramos ahora en un aspecto vital en el camino hacia el éxito personal y profesional: la habilidad de manejar eficazmente nuestro tiempo. En un mundo donde las demandas y distracciones son constantes, aprender a gestionar el tiempo no solo es una necesidad, sino un arte. Este capítulo explora técnicas y estrategias para maximizar la productividad, manteniendo un equilibrio saludable entre el trabajo y la vida personal.

Adentrándonos en un tema crucial para el éxito personal y profesional, este capítulo se enfoca en la habilidad de manejar eficazmente nuestro tiempo, una competencia indispensable en el mundo actual, caracterizado por constantes demandas y distracciones. Aprender a gestionar el tiempo de manera efectiva es más que una necesidad; es un verdadero arte que requiere práctica y dedicación. Aquí exploraremos diversas técnicas y estrategias diseñadas para maximizar la productividad, sin dejar de lado un aspecto esencial: el mantenimiento de un equilibrio saludable entre la vida laboral y personal.

El dominio de la gestión del tiempo implica identificar y priorizar nuestras tareas más importantes, aprendiendo a distinguir entre lo urgente y lo verdaderamente relevante. La clave está en enfocar nuestros esfuerzos en aquellas actividades que realmente impulsan nuestros objetivos a largo plazo. Esto a menudo requiere la habilidad de decir "no" a compromisos o distracciones que no contribuyen a nuestras metas principales.

La planificación estratégica es otro elemento crucial para una gestión eficaz del tiempo. Esto incluye establecer metas claras y desglosarlas en acciones concretas y manejables. Organizar nuestro tiempo y tareas con herramientas como agendas, listas de prioridades y aplicaciones especializadas, puede ser extremadamente útil para mantener un enfoque claro y evitar la procrastinación.

Además, es esencial comprender que ser productivo no significa simplemente realizar una mayor cantidad de tareas en menos tiempo. Se trata más bien de trabajar de manera inteligente, lo que implica optimizar nuestros métodos de trabajo, minimizar interrupciones y saber cuándo y cómo delegar responsabilidades. Este enfoque en la eficiencia, más que en la cantidad de trabajo realizado, es fundamental para lograr resultados significativos.

Por último, pero no menos importante, este capítulo aborda la importancia de integrar descansos y tiempo para el ocio en nuestra rutina. Un manejo efectivo del tiempo no se trata de trabajar incesantemente, sino de encontrar un balance que permita la recuperación y el disfrute personal. Los descansos regulares y el tiempo dedicado a actividades fuera del trabajo son fundamentales para mantener un alto nivel de energía, motivación y creatividad.

La gestión efectiva del tiempo comienza con la identificación de prioridades. Es esencial distinguir entre lo que es urgente y lo que es importante, enfocándose en tareas que contribuyen significativamente a nuestros objetivos a largo plazo. Esto implica aprender a decir no a aquellas actividades que no se alinean con nuestras metas y dedicar nuestro tiempo y esfuerzos a lo que verdaderamente importa.

La gestión efectiva del tiempo es una habilidad fundamental y comienza con un paso crucial: la identificación de prioridades. Es vital aprender a diferenciar entre lo urgente y lo importante, y concentrar nuestros esfuerzos en aquellas tareas que tienen un impacto significativo en la consecución de nuestros objetivos a largo plazo. Esta habilidad no solo optimiza nuestro tiempo, sino que también nos dirige hacia un camino más productivo y satisfactorio.

Primero, es fundamental comprender que no todas las tareas urgentes son necesariamente importantes. Las actividades urgentes suelen presentarse como demandas inmediatas que requieren atención rápida, pero no siempre contribuyen a nuestros objetivos más amplios. Por otro lado, las tareas importantes son aquellas que, aunque no exijan una acción inmediata, son cruciales para alcanzar nuestras metas a largo plazo. Dedicar tiempo a estas tareas es esencial para un progreso significativo.

Aprender a decir "no" es otra parte integral de una buena gestión del tiempo. Esto implica tener la capacidad de rechazar tareas, proyectos o actividades que no se alinean con nuestras prioridades o metas. Aunque decir no puede ser un desafío, especialmente cuando se quiere complacer a otros o cuando se enfrentan presiones externas, es una habilidad necesaria para mantener el enfoque en lo que realmente importa.

La asignación efectiva del tiempo a tareas prioritarias también requiere planificación y organización. Esto puede incluir el uso de herramientas como agendas, calendarios y listas de tareas, que ayudan a organizar y visualizar cómo se distribuye el tiempo.

Establecer un horario para las tareas importantes y adherirse a él puede aumentar significativamente la productividad y eficiencia.

La gestión efectiva del tiempo se basa en la capacidad de identificar lo que verdaderamente importa y enfocar nuestros esfuerzos en ello. Al distinguir entre lo urgente y lo importante, aprender a decir no a las distracciones y planificar meticulosamente nuestro tiempo, podemos dedicarnos de manera más efectiva a las actividades que nos acercan a la realización de nuestros objetivos a largo plazo.

La gestión efectiva del tiempo es una habilidad que radica en la capacidad de discernir lo verdaderamente importante y concentrar en ello nuestros esfuerzos. Esta habilidad implica distinguir claramente entre tareas urgentes y tareas importantes, una distinción que no siempre es sencilla, pero que es crucial para un uso eficiente del tiempo. Las tareas urgentes suelen presentarse como demandas inmediatas que necesitan atención rápida, pero no necesariamente contribuyen a nuestros objetivos más significativos a largo plazo. En cambio, las tareas importantes son aquellas que, aunque tal vez no requieran atención inmediata, son vitales para alcanzar nuestras metas y aspiraciones futuras.

Aprender a decir "no" a las distracciones y a las actividades que no se alinean con nuestros objetivos es otro aspecto clave de la gestión eficiente del tiempo. Esto puede ser desafiante, especialmente en un mundo lleno de interrupciones constantes y oportunidades múltiples. Sin embargo, desarrollar la habilidad de rechazar solicitudes o compromisos que no contribuyen a nuestros planes a largo plazo es fundamental para mantener el enfoque y la productividad.

La planificación meticulosa es también un componente esencial en la gestión efectiva del tiempo. Esto implica organizar nuestro día, semana o incluso meses, teniendo en cuenta nuestras prioridades y objetivos. El uso de herramientas como agendas, aplicaciones de gestión del tiempo y listas de tareas puede ser extremadamente útil para visualizar cómo se distribuye nuestro tiempo y para asegurarnos de que estamos dedicando recursos suficientes a lo que realmente importa.

Al final, la gestión efectiva del tiempo nos permite dedicar más energía y recursos a aquellas actividades que nos acercan a nuestros objetivos a largo plazo. Esto no solo aumenta nuestra eficiencia y productividad, sino que también contribuye a una mayor sensación de logro y satisfacción personal. Con un enfoque claro en nuestras prioridades y una planificación cuidadosa, podemos manejar nuestro tiempo de manera que cada minuto cuente en el camino hacia la realización de nuestras metas más significativas.

Otro aspecto clave en la gestión del tiempo es la planificación. Esto incluye establecer objetivos claros y desglosarlos en tareas manejables. La planificación eficaz permite tener una visión clara de lo que se necesita hacer y cuándo, lo que ayuda a evitar la procrastinación y a mantenerse enfocado. Utilizar herramientas como agendas, listas de tareas y aplicaciones de gestión del tiempo puede ser de gran ayuda para organizar y priorizar actividades.

La productividad no se trata solo de hacer más cosas en menos tiempo, sino de hacer las cosas correctas de manera eficiente. Esto significa mejorar nuestros métodos de trabajo, eliminar distracciones y aprender a delegar cuando sea necesario. Un enfoque en la calidad más que en la cantidad, y el uso inteligente de los recursos disponibles, son esenciales para maximizar la productividad.

La productividad va mucho más allá de la simple acumulación de tareas realizadas en un corto período de tiempo. En realidad, se trata de enfocarse en hacer las cosas correctas de manera eficiente. Esto significa adoptar métodos de trabajo que maximicen la eficacia, identificando y eliminando distracciones que puedan impedir el progreso y sabiendo cuándo y cómo delegar tareas para optimizar el uso del tiempo y los recursos.

Mejorar nuestros métodos de trabajo puede incluir desde la reevaluación de nuestros procesos hasta la implementación de nuevas herramientas o técnicas que aumenten la eficiencia. Este proceso de mejora continua es clave para adaptarse a las cambiantes demandas del entorno laboral y para mantener un alto nivel de productividad.

Una parte esencial de este proceso es la eliminación de distracciones. En un mundo donde constantemente somos bombardeados con información y solicitudes, aprender a identificar y minimizar las interrupciones es fundamental. Esto puede implicar desde cambios en el entorno físico de trabajo hasta la implementación de prácticas de gestión del tiempo, como la técnica Pomodoro o el bloqueo de periodos de tiempo para tareas específicas.

Delegar es otra habilidad crucial en la gestión eficaz del tiempo y la productividad. Conocer nuestras fortalezas y limitaciones, y estar dispuestos a confiar en otros para realizar ciertas tareas, no solo alivia nuestra carga de trabajo, sino que también permite que cada miembro del equipo contribuya con sus habilidades únicas. La delegación efectiva implica comunicar claramente las expectativas y proporcionar los recursos necesarios para que las tareas delegadas se realicen con éxito.

El enfoque en la calidad más que en la cantidad es vital. La productividad no se mide solo por la cantidad de trabajo realizado, sino por la calidad y el impacto de ese trabajo. Es mejor realizar menos tareas, pero con un alto nivel de excelencia, que muchas tareas con resultados mediocres. Esto requiere un uso inteligente de los recursos disponibles, incluyendo tiempo, energía y atención.

La productividad eficiente se basa en hacer las tareas correctas de manera eficiente, mejorando constantemente nuestros métodos de trabajo, minimizando distracciones, sabiendo delegar y enfocándose en la calidad más que en la cantidad. Al adoptar estos principios, podemos maximizar nuestra productividad, no solo en términos de cantidad de trabajo realizado, sino también en términos de la calidad y el valor del trabajo que producimos.

Asimismo, es fundamental reconocer la importancia de los descansos y el tiempo de ocio. La gestión eficaz del tiempo no significa trabajar sin parar; por el contrario, tomar descansos regulares y dedicar tiempo a actividades recreativas y de relajación es crucial para mantener un alto nivel de energía y motivación. El equilibrio entre el trabajo y la vida personal es clave para una productividad sostenible y para evitar el agotamiento.

A través de la identificación de prioridades, la planificación estratégica, la mejora de métodos de trabajo y la incorporación de descansos y tiempo de ocio, podemos alcanzar nuestros objetivos de manera más eficiente, manteniendo al mismo tiempo un estilo de vida equilibrado y saludable.

Priorización y Planificación: Organizar tareas eficazmente.

En el núcleo de esta habilidad se encuentra la capacidad de priorizar y planificar, dos elementos intrínsecos a una productividad óptima. Aprender a priorizar significa ser capaz de discernir cuáles tareas requieren nuestra atención inmediata y cuáles pueden esperar, una habilidad esencial en un mundo donde las demandas parecen interminables y el tiempo es siempre limitado.

El proceso de priorización comienza con una evaluación clara y honesta de todas nuestras tareas y responsabilidades. Esto requiere identificar no solo la urgencia de cada tarea, sino también su importancia a largo plazo. Las tareas que son urgentes e importantes deben ser abordadas primero, mientras que aquellas que son menos críticas pueden ser programadas para más adelante o incluso delegadas. Esta habilidad de diferenciar y categorizar tareas nos permite enfocar nuestra energía y recursos en lo que realmente impacta nuestros objetivos y metas.

El proceso de priorización es un paso fundamental en la gestión eficiente del tiempo y comienza con una evaluación clara y honesta de todas nuestras tareas y responsabilidades. Este análisis minucioso implica no solo reconocer la urgencia de cada tarea, sino también valorar su importancia en el largo plazo. La habilidad para diferenciar y categorizar adecuadamente las tareas es crucial para una planificación efectiva.

En primer lugar, es esencial identificar aquellas tareas que son urgentes e importantes. Estas requieren nuestra atención inmediata debido a su relevancia y a los plazos próximos. Su pronta ejecución es vital para evitar consecuencias negativas y para mantener el flujo de trabajo y los objetivos a corto plazo.

Por otro lado, es igualmente importante reconocer las tareas que, aunque puedan parecer urgentes, no son críticas para nuestros objetivos a largo plazo. Estas tareas, aunque demandantes, pueden ser programadas para más adelante o, en algunos casos, delegadas a otras personas. Esta delegación no solo ayuda a aliviar nuestra carga de trabajo, sino que también permite que otros miembros del equipo o colaboradores contribuyan y desarrollen sus habilidades.

La categorización eficaz de tareas según su urgencia e importancia nos permite distribuir mejor nuestra energía y recursos. Al enfocarnos en lo que realmente importa y tiene un impacto significativo en nuestros objetivos y metas, optimizamos nuestro tiempo y esfuerzos, incrementando así nuestra productividad y eficacia.

Además, esta habilidad de priorización no solo se aplica al ámbito laboral, sino también a la vida personal. Al saber identificar lo que verdaderamente importa en diferentes aspectos de nuestra vida, podemos alcanzar un equilibrio más saludable y satisfactorio.

El proceso de priorización es una habilidad esencial para cualquier persona que busque gestionar su tiempo de manera efectiva. Implica evaluar, diferenciar y categorizar tareas basándose en su urgencia e importancia, permitiendo así un enfoque más enfocado y estratégico en nuestras actividades diarias. Al priorizar de manera eficiente, no solo mejoramos nuestra productividad, sino que también nos acercamos más a la realización de nuestros objetivos a largo plazo.

El proceso de priorización es, sin duda, una habilidad crucial para todos aquellos que desean gestionar su tiempo de manera efectiva. Esta habilidad implica una evaluación cuidadosa de nuestras tareas diarias, diferenciándolas y categorizándolas según su urgencia e importancia. Este enfoque nos permite dirigir nuestra atención y recursos hacia las actividades que realmente impactan nuestros objetivos y metas a largo plazo.

Para priorizar eficientemente, es necesario primero comprender la diferencia entre tareas urgentes e importantes. Las tareas urgentes son aquellas que requieren atención inmediata, pero no siempre contribuyen significativamente a nuestros objetivos más amplios. Por otro lado, las tareas importantes son aquellas que, aunque quizás no demanden una acción inmediata, son fundamentales para alcanzar nuestras metas a largo plazo. La clave está en enfocarse principalmente en estas últimas, asegurando que nuestra energía se invierta en actividades que nos acerquen a nuestros objetivos finales.

Este proceso también requiere la habilidad de decir "no" a ciertas tareas y distracciones que no se alinean con nuestras prioridades. Dedicar tiempo a actividades que no contribuyen a nuestros objetivos puede desviarnos de nuestro camino y reducir nuestra productividad general.

Al priorizar nuestras tareas de manera eficiente, no solo mejoramos nuestra capacidad para gestionar el tiempo, sino que también aumentamos nuestra productividad. Esto nos lleva a una ejecución más estratégica y enfocada de nuestras actividades diarias, acercándonos cada vez más a la realización de nuestros objetivos a largo plazo. En resumen, la priorización es una herramienta indispensable en la gestión del tiempo, permitiéndonos enfocar nuestros esfuerzos en lo que realmente importa y avanzar de manera significativa hacia nuestras metas y aspiraciones.

Una vez que las tareas han sido priorizadas, la planificación entra en juego. Planificar eficazmente significa establecer plazos realistas, asignar recursos adecuados y, lo más importante, crear un calendario de trabajo que sea factible. Una buena planificación no solo abarca la asignación de tiempo para las tareas específicas, sino que también incluye tiempo para descansos, contingencias y revisión. El uso de herramientas como agendas, aplicaciones de planificación o incluso listas de tareas puede ser invaluable en este proceso, ayudando a visualizar claramente nuestras tareas y a mantenernos en el camino correcto.

Priorizar y planificar eficazmente nuestras tareas no solo mejora nuestra productividad, sino que también reduce la ansiedad y el estrés que a menudo vienen con la gestión del tiempo. Al tener un plan claro y una visión de lo que necesita ser hecho, podemos abordar nuestras tareas con una mente más tranquila y un enfoque más dirigido. Además, esta organización eficaz del tiempo nos permite no solo cumplir con nuestras obligaciones, sino también dedicar tiempo a nuestra vida personal, hobbies y descanso, aspectos cruciales para un bienestar integral.

Priorizar y planificar eficazmente nuestras tareas tiene un impacto significativo no solo en nuestra productividad, sino también en nuestro bienestar emocional. Una gestión adecuada del tiempo nos ayuda a reducir la ansiedad y el estrés que suelen surgir cuando nos enfrentamos a un cúmulo de obligaciones o a la sensación de no tener suficientes horas en el día. Al contar con un plan claro y definido sobre lo que necesitamos hacer, podemos abordar nuestras responsabilidades con una mente más serena y un enfoque más concentrado.

El proceso de priorización y planificación implica establecer un orden claro en nuestras tareas, identificando cuáles son las más importantes y urgentes. Esta claridad nos permite centrarnos en las actividades que realmente necesitan nuestra atención inmediata, evitando así la dispersión y el desgaste que conlleva intentar hacer todo a la vez. Una vez que estas tareas prioritarias están identificadas y programadas, podemos dedicarnos a ellas con una sensación de propósito y dirección, sabiendo que estamos invirtiendo nuestro tiempo de la manera más eficiente.

Además, una buena gestión del tiempo no se limita solo al ámbito laboral o académico. Un enfoque equilibrado también incluye asignar tiempo para nuestra vida personal, hobbies y períodos de descanso. Estos momentos de ocio y relajación son esenciales para recargar energías, mantener una buena salud mental y fomentar la creatividad. Al equilibrar el trabajo con actividades placenteras y descanso, promovemos un estilo de vida más saludable y armónico.

En definitiva, la capacidad de priorizar y planificar eficazmente es una herramienta valiosa que nos permite manejar mejor nuestro tiempo, aumentar nuestra productividad y, al mismo tiempo, reducir los niveles de estrés y ansiedad. Al tener un plan claro y seguirlo, no solo nos aseguramos de cumplir con nuestras obligaciones, sino que también garantizamos espacio para el descanso, el ocio y el cuidado personal, aspectos fundamentales para un bienestar integral.

Al dominar estas habilidades, no solo aumentamos nuestra productividad y eficiencia, sino que también logramos un equilibrio más saludable entre el trabajo y otros aspectos de nuestra vida. La priorización y planificación son, por lo tanto, herramientas esenciales para cualquiera que busque gestionar su tiempo de manera efectiva y alcanzar sus objetivos con éxito.

Evitando la Procrastinación: Técnicas para mantener el enfoque.

A menudo, postergar tareas parece la opción más fácil, especialmente cuando estas son complejas o menos atractivas. Sin embargo, la procrastinación puede llevar a un círculo vicioso de estrés y urgencia, afectando nuestra productividad y bienestar. Este capítulo ofrece técnicas y estrategias efectivas para vencer la tendencia a procrastinar y mantener un enfoque constante en nuestras tareas.

Una técnica fundamental para combatir la procrastinación es la fragmentación de tareas. Esto implica dividir proyectos grandes y abrumadores en partes más pequeñas y manejables. Al desglosar las tareas de esta manera, se vuelven menos intimidantes y más fáciles de abordar. Cada pequeña tarea completada proporciona un sentido de logro y mantiene el impulso, lo que facilita el avance progresivo hacia la finalización del proyecto completo.

Otra estrategia efectiva es establecer plazos realistas y específicos para cada tarea. En lugar de dejar las tareas abiertas sin un tiempo definido para su realización, asignar una fecha y hora específicas para su ejecución crea un sentido de urgencia y responsabilidad. Además, el uso de recordatorios y alarmas puede ser útil para mantenernos en el camino.

La técnica Pomodoro es otra herramienta valiosa para mantener la concentración. Consiste en trabajar en bloques de tiempo (generalmente 25 minutos) seguidos de breves descansos. Esta técnica no solo ayuda a mantener el enfoque durante períodos concentrados, sino que también asegura que se tomen descansos regulares, esenciales para evitar el agotamiento y mantener la productividad.

Además, es crucial reconocer y manejar las distracciones. Identificar las fuentes de distracción más comunes y tomar medidas proactivas para minimizarlas puede ayudar significativamente a mantener el enfoque. Esto puede incluir desde apagar las notificaciones de dispositivos móviles hasta crear un entorno de trabajo que fomente la concentración.

Por último, cultivar una mentalidad positiva hacia las tareas puede cambiar nuestra percepción de ellas. En lugar de ver las tareas como algo tedioso o abrumador, intentar encontrar aspectos interesantes o desafiantes en ellas puede hacerlas más atractivas y menos propensas a ser postergadas.

Balance entre Trabajo y Vida Personal: Encontrar armonía en la vida.

Abordamos uno de los aspectos más desafiantes y esenciales de la vida moderna: cómo lograr un equilibrio saludable entre las responsabilidades laborales y las necesidades personales. En una época donde las fronteras entre el trabajo y la vida privada a menudo se difuminan, encontrar esta armonía no es solo beneficioso, sino necesario para nuestro bienestar general.

Lograr un equilibrio saludable entre las responsabilidades laborales y las necesidades personales es un desafío cada vez más importante en el mundo actual, donde las fronteras entre el trabajo y la vida privada a menudo se difuminan. Encontrar esta armonía no solo es beneficioso, sino esencial para nuestro bienestar general. Este equilibrio implica un cuidadoso manejo de nuestro tiempo y recursos, asegurando que tanto nuestras obligaciones laborales como nuestras necesidades personales reciban la atención adecuada.

Primero, es fundamental reconocer la importancia de establecer límites claros entre el trabajo y la vida personal. Esto podría significar definir horarios específicos para el trabajo y respetarlos, evitando que las tareas laborales se infiltren en nuestro tiempo personal. Establecer y mantener estos límites ayuda a prevenir el agotamiento y asegura que tanto el trabajo como la vida personal tengan su propio espacio.

La planificación y organización eficiente del tiempo son cruciales para lograr este balance. Utilizar agendas o aplicaciones de planificación para organizar tanto las tareas laborales como las personales puede ayudar a visualizar cómo se distribuye nuestro tiempo y a identificar posibles conflictos o sobrecargas. Es importante priorizar tareas y compromisos, asegurándonos de que las actividades más importantes, tanto en el trabajo como en lo personal, reciban la atención que merecen.

El autocuidado es otro aspecto vital en la búsqueda del equilibrio. Dedicar tiempo regularmente a actividades que disfrutamos, que nos relajan o nos revitalizan, es crucial para mantener nuestra salud mental y física. Esto puede incluir hobbies, ejercicio, pasar tiempo con amigos y familia, o simplemente momentos de descanso y reflexión.

La flexibilidad también juega un papel importante en la gestión del equilibrio entre trabajo y vida personal. La vida es impredecible, y ser capaz de adaptarse a los cambios y ajustar nuestros planes según sea necesario nos permite manejar mejor las demandas tanto laborales como personales.

Encontrar un equilibrio saludable entre el trabajo y la vida personal requiere establecer límites claros, planificar y organizar eficientemente nuestro tiempo, priorizar el autocuidado y mantener una actitud flexible ante los cambios inesperados. Al hacerlo, no solo mejoramos nuestro rendimiento laboral y nuestra satisfacción personal, sino que también fomentamos un bienestar integral que beneficia todos los aspectos de nuestra vida.

Encontrar un equilibrio saludable entre el trabajo y la vida personal es una tarea que requiere dedicación y estrategia. Este equilibrio, esencial para nuestro bienestar general, se logra a través de varios pasos clave. En primer lugar, es crucial establecer límites claros entre nuestras responsabilidades laborales y nuestro tiempo personal. Esto significa definir horarios específicos para el trabajo y respetarlos, asegurando así que el tiempo dedicado a nuestras vidas fuera del ámbito laboral sea de calidad y sin interrupciones.

La planificación y organización eficiente del tiempo es otro aspecto fundamental. Utilizar herramientas como agendas o aplicaciones de planificación nos ayuda a distribuir nuestro tiempo de manera efectiva, equilibrando las tareas laborales con actividades personales y de ocio. Priorizar tareas según su importancia y urgencia es esencial para garantizar que cumplimos con nuestras responsabilidades sin descuidar aspectos importantes de nuestra vida personal.

El autocuidado es un pilar crucial en la búsqueda de este equilibrio. Es importante dedicar tiempo regularmente a actividades que nos relajan, nos satisfacen y nos revitalizan. Esto puede incluir desde hobbies y ejercicio físico hasta pasar tiempo con seres queridos o simplemente disfrutar de momentos de tranquilidad y reflexión.

Además, mantener una actitud flexible es vital para adaptarse a los cambios inesperados que inevitablemente ocurren en la vida. Ser capaz de ajustar nuestros planes y horarios cuando surgen situaciones imprevistas nos permite manejar de mejor manera la intersección entre las responsabilidades laborales y las personales.

Al implementar estos pasos, no solo mejoramos nuestro rendimiento en el trabajo y aumentamos nuestra satisfacción personal, sino que también fomentamos un bienestar integral. Este equilibrio nos permite funcionar de manera óptima en todos los aspectos de nuestra vida, beneficiando nuestra salud mental, emocional y física. En resumen, alcanzar un balance saludable entre el trabajo y la vida personal es esencial para nuestra felicidad y éxito general.

Este equilibrio implica más que simplemente dividir el tiempo entre el trabajo y las actividades personales; se trata de crear una integración armoniosa que permita el florecimiento en ambos ámbitos. Un elemento clave para lograr este balance es la capacidad de establecer límites claros. Estos límites nos ayudan a definir cuándo y cómo nos dedicamos a nuestras tareas laborales y cuándo es el momento de desconectar y dedicarnos a nuestra vida personal, familia o hobbies.

Lograr un equilibrio entre el trabajo y la vida personal va más allá de la mera división del tiempo; se trata de crear una integración armoniosa que permita florecer tanto en el ámbito laboral como en el personal. Un factor crucial en este proceso es la capacidad de establecer límites claros, una habilidad que nos permite definir y respetar los espacios dedicados a cada aspecto de nuestra vida.

Establecer límites claros implica determinar cuándo y cómo nos enfocamos en nuestras tareas laborales y cuándo es momento de desconectar del trabajo para atender nuestra vida personal, familiar o disfrutar de nuestros hobbies. Esto significa, por ejemplo, evitar llevar trabajo a casa o resistir la tentación de revisar correos electrónicos y mensajes relacionados con el trabajo fuera del horario laboral. Al delimitar estos espacios, no solo prevenimos el agotamiento, sino que también garantizamos que nuestro tiempo libre sea verdaderamente regenerador.

Los límites bien definidos también incluyen saber decir "no" cuando se nos presentan demandas laborales que interfieren con nuestro tiempo personal, especialmente si estas demandas no son urgentes ni prioritarias. Aprender a decir "no" de manera asertiva y respetuosa es vital para mantener este equilibrio.

Además, es importante comunicar estos límites a colegas, jefes y familiares. Hacerles saber cuándo estamos y cuándo no estamos disponibles para asuntos laborales o personales ayuda a establecer expectativas realistas y fomenta el respeto mutuo por nuestro tiempo y espacio personal.

Finalmente, aunque los límites son esenciales, también es necesario ser flexible y adaptarse a situaciones inesperadas. La vida a menudo presenta desafíos y oportunidades que requieren un ajuste temporal de nuestros límites. En estos casos, la clave es encontrar un equilibrio y regresar a nuestra rutina habitual tan pronto como sea posible.

El balance entre trabajo y vida personal no es solo una cuestión de gestionar el tiempo, sino de crear un espacio donde podamos prosperar en todos los aspectos de nuestra vida. Establecer y mantener límites claros es esencial para lograr esta armonía, permitiéndonos disfrutar de una vida laboral productiva y una vida personal plena y satisfactoria.

La gestión eficaz del tiempo juega un papel crucial en este proceso. Organizar nuestra agenda de manera que dediquemos tiempo suficiente a nuestras responsabilidades laborales, sin descuidar los aspectos personales de nuestra vida, es esencial. Esto incluye no solo el trabajo y las obligaciones familiares, sino también el tiempo dedicado a nosotros mismos, a nuestras aficiones y al descanso.

La gestión eficaz del tiempo es un componente vital en el proceso de equilibrar el trabajo y la vida personal. Organizar nuestra agenda de forma que se dedique tiempo adecuado tanto a las responsabilidades laborales como a los aspectos personales de nuestra vida es un desafío, pero esencial para mantener un equilibrio saludable. Esto implica una planificación cuidadosa que abarca desde las obligaciones del trabajo hasta las necesidades personales y familiares, sin olvidar la importancia de dedicar momentos para nosotros mismos.

Asignar tiempo a nuestras responsabilidades laborales es, por supuesto, importante, pero también lo es asegurarnos de que no consuman nuestra vida entera. Es necesario establecer horarios de trabajo razonables y tratar de adherirse a ellos tanto como sea posible. Esto ayuda a mantener la disciplina y a crear una separación clara entre el tiempo de trabajo y el tiempo personal.

Además, es igualmente importante programar y respetar el tiempo dedicado a la familia, a las relaciones personales y a nuestras aficiones. Estos momentos son cruciales para nuestro bienestar emocional y mental, y contribuyen a una vida plena y equilibrada. Ya sea para actividades recreativas, ejercicio, pasatiempos o simplemente para relajarnos, es esencial valorar y proteger este tiempo como una parte importante de nuestras vidas.

Incluir en nuestra agenda momentos específicos para el autocuidado y el descanso también es fundamental. Esto puede incluir actividades como leer, meditar, practicar deportes o simplemente disfrutar de un momento de tranquilidad. El descanso y la desconexión nos ayudan a recargar energías y a mantenernos mental y físicamente saludables.

Una gestión efectiva del tiempo requiere una planificación cuidadosa y un compromiso consciente con todas las áreas de nuestra vida. Al equilibrar de manera efectiva el tiempo entre nuestras responsabilidades laborales y nuestras necesidades personales, logramos no solo una mayor productividad, sino también una mayor satisfacción y bienestar en nuestra vida diaria. La clave está en reconocer que cada aspecto de nuestra vida merece atención y tiempo, y en encontrar la mejor manera de armonizarlos para vivir de manera plena y equilibrada.

Otro aspecto importante es la calidad del tiempo que dedicamos a cada esfera de nuestra vida. No se trata solo de contar las horas, sino de asegurarse de que el tiempo dedicado al trabajo sea productivo y eficiente, y que el tiempo personal sea realmente regenerador y satisfactorio. La calidad de nuestro tiempo es tan importante como la cantidad.

Otro aspecto fundamental en la búsqueda del equilibrio entre el trabajo y la vida personal es la calidad del tiempo que dedicamos a cada área de nuestra vida. Más allá de la simple cuantificación de las horas, lo que realmente importa es cómo utilizamos ese tiempo. Es esencial asegurarnos de que las horas dedicadas al trabajo sean productivas y eficientes, lo que implica enfocarnos plenamente en las tareas, minimizar las distracciones y buscar formas de mejorar constantemente nuestros métodos de trabajo.

Del mismo modo, el tiempo personal no debe ser solo un período de no trabajo, sino momentos genuinamente regeneradores y satisfactorios. Esto significa participar en actividades que realmente disfrutamos, que nos relajan y nos revitalizan, ya sean pasatiempos, actividades con la familia y amigos, ejercicio físico o simplemente tiempo de descanso y reflexión. La calidad de este tiempo personal es crucial para nuestra salud mental y emocional, y contribuye significativamente a nuestra felicidad general.

La calidad del tiempo también implica una presencia plena en lo que hacemos. Cuando estamos en el trabajo, debemos tratar de estar completamente enfocados en nuestras responsabilidades laborales. De manera similar, cuando estamos con nuestra familia o dedicándonos a nuestras aficiones, es importante estar completamente presentes y no permitir que las preocupaciones laborales invadan esos momentos.

La calidad del tiempo que invertimos en cada aspecto de nuestra vida es tan importante como la cantidad de tiempo que dedicamos a ellos. Al asegurarnos de que cada momento cuenta, ya sea en el trabajo o en nuestra vida personal, podemos lograr un equilibrio más saludable y satisfactorio. La clave está en ser conscientes y deliberados sobre cómo y en qué invertimos nuestro tiempo, buscando siempre el máximo beneficio y satisfacción en todas las áreas de nuestra vida.

La flexibilidad también es fundamental. En el mundo actual, donde las circunstancias pueden cambiar rápidamente, ser flexible y adaptarse a las nuevas situaciones puede ayudar a mantener un equilibrio sano. Esto puede implicar ajustar nuestra rutina, reevaluar nuestras prioridades o buscar formas innovadoras de cumplir con nuestras responsabilidades laborales y personales.

La flexibilidad es un elemento clave en la búsqueda del equilibrio entre el trabajo y la vida personal. En un mundo en constante cambio, donde las circunstancias pueden variar de un momento a otro, la capacidad de adaptarse y ajustarse a nuevas situaciones es indispensable. Esto significa estar dispuestos a modificar nuestras rutinas y métodos de trabajo, reevaluar nuestras prioridades y, si es necesario, buscar formas innovadoras y creativas para cumplir con nuestras responsabilidades tanto laborales como personales.

Ser flexible implica entender que, a veces, los planes establecidos pueden requerir ajustes. Puede ser necesario, por ejemplo, cambiar nuestra agenda para atender una situación familiar inesperada o modificar la forma en que abordamos nuestras tareas laborales debido a cambios en el entorno de trabajo. Esta capacidad de adaptación no solo nos ayuda a manejar mejor las situaciones inesperadas, sino que también reduce el estrés y la ansiedad que pueden surgir cuando las cosas no van según lo planeado.

La flexibilidad también se refiere a la capacidad de reevaluar y cambiar nuestras prioridades según las necesidades del momento. Esto puede significar, en algunos casos, darle más importancia a las responsabilidades laborales durante un periodo de tiempo y, en otros, enfocarse más en las necesidades personales o familiares. Mantener un enfoque flexible nos permite responder de manera más efectiva a las demandas cambiantes de nuestra vida.

Además, ser flexible a menudo implica buscar formas innovadoras de realizar nuestras tareas. En el ámbito laboral, esto puede incluir la implementación de nuevas tecnologías o métodos de trabajo que nos permitan ser más eficientes. En nuestra vida personal, puede significar encontrar maneras creativas de pasar tiempo de calidad con nuestros seres queridos, incluso cuando el tiempo es limitado.

La flexibilidad es un componente esencial para mantener un equilibrio saludable entre el trabajo y la vida personal. Nos permite adaptarnos a las circunstancias cambiantes, reevaluar nuestras prioridades y buscar soluciones creativas, lo que en última instancia nos ayuda a manejar mejor nuestras responsabilidades y a disfrutar más plenamente de todos los aspectos de nuestra vida.

Finalmente, el autocuidado es un componente esencial en la búsqueda del equilibrio entre el trabajo y la vida personal. Dedicar tiempo a cuidar de nuestra salud física y mental nos permite rendir mejor en el trabajo y disfrutar más plenamente de nuestra vida personal.

Técnicas de Relajación y Mindfulness:
Mantener la calma bajo presión.

El capítulo "Técnicas de Relajación y Mindfulness: Mantener la Calma Bajo Presión" se adentra en métodos eficaces para preservar la serenidad y el equilibrio mental, incluso en situaciones de alto estrés. En el mundo acelerado de hoy, donde la presión y las demandas constantes son una norma, aprender técnicas de relajación y mindfulness se convierte en una habilidad esencial para mantener la calma y la claridad mental.

El mindfulness, o atención plena, es una práctica que nos enseña a estar completamente presentes en el momento actual, observando nuestros pensamientos, emociones y sensaciones físicas sin juzgarlos. Esta práctica nos ayuda a ser más conscientes de nosotros mismos y de nuestro entorno, permitiéndonos responder a las situaciones con mayor claridad y tranquilidad. El mindfulness se puede practicar a través de la meditación, pero también se puede integrar en actividades cotidianas como comer, caminar o incluso durante el trabajo.

El mindfulness, o atención plena, es una práctica esencial que enseña a estar completamente inmersos en el presente, observando nuestros pensamientos, emociones y sensaciones físicas de una manera no crítica. Esta técnica nos ayuda a incrementar nuestra conciencia sobre nosotros mismos y sobre el mundo que nos rodea, facilitando una respuesta más clara y serena ante diversas situaciones. Aunque comúnmente se asocia con la meditación, el mindfulness puede practicarse en una amplia gama de actividades cotidianas.

Integrar el mindfulness en nuestras rutinas diarias puede ser sorprendentemente sencillo y enormemente beneficioso. Por ejemplo, al comer, podemos concentrarnos plenamente en la experiencia, saboreando cada bocado, apreciando los sabores y texturas, y atendiendo a las señales de saciedad de nuestro cuerpo. Al caminar, en lugar de sumergirnos en un torbellino de pensamientos sobre el pasado o el futuro, podemos enfocarnos en la sensación de nuestros pies tocando el suelo, el ritmo de nuestra respiración y los sonidos y vistas que nos rodean.

Incluso en el trabajo, el mindfulness puede ser una herramienta valiosa. Puede consistir en tomar breves pausas para centrarse conscientemente en la respiración o en dedicar unos momentos para estar plenamente presentes en la tarea que estamos realizando, libres de distracciones. Esta práctica no solo aumenta la eficiencia, sino que también reduce los niveles de estrés y mejora nuestra capacidad de respuesta ante desafíos inesperados.

La práctica regular del mindfulness desarrolla una mayor consciencia de nuestras reacciones automáticas y patrones de pensamiento, permitiéndonos responder a los eventos de la vida con una mayor calma y claridad. Nos enseña a observar nuestras emociones y pensamientos sin identificarnos completamente con ellos, brindándonos la oportunidad de responder de manera más meditada y menos impulsiva.

El mindfulness es una práctica poderosa que puede integrarse en nuestra vida diaria, ofreciendo beneficios significativos en términos de bienestar mental y emocional. Nos ayuda a vivir el momento presente de manera más plena, a ser más conscientes de nosotros mismos y de nuestro entorno, y a manejar las situaciones cotidianas con una mayor serenidad y claridad mental.

Las técnicas de relajación, por otro lado, incluyen una variedad de métodos diseñados para reducir la tensión física y mental. Estas pueden variar desde ejercicios de respiración profunda, que ayudan a calmar la mente y disminuir la respuesta del cuerpo al estrés, hasta la práctica de yoga o tai chi, que combinan movimientos físicos con atención mental. Incluso actividades simples como escuchar música relajante, leer un libro o tomar un baño caliente pueden ser formas efectivas de relajarse y desconectar del estrés diario.

Otra técnica útil es la visualización, que implica imaginar mentalmente un lugar o situación que nos produce paz y serenidad. Esta técnica puede ser particularmente eficaz en momentos de estrés, proporcionando un escape mental que ayuda a disminuir la ansiedad y a restaurar la calma interna.

Dedicar tiempo regularmente a estas actividades no solo nos ayuda a manejar mejor el estrés en el momento, sino que también contribuye a desarrollar una mayor resiliencia mental a largo plazo.

En conclusión, las técnicas de relajación y mindfulness son herramientas esenciales para mantener la calma bajo presión. Al aprender y practicar regularmente estas técnicas, no solo mejoramos nuestra capacidad para manejar el estrés y la ansiedad, sino que también fomentamos un bienestar mental y emocional más profundo, lo cual es esencial para una vida equilibrada y satisfactoria.

Capítulo 6

Sexto paso

Desarrollo Personal Continuo

El desarrollo personal continuo es el viaje de transformar cada sueño en realidad y cada desafío en una oportunidad de crecimiento

Este Capítulo, "Desarrollo Personal Continuo", es una pieza clave en nuestro viaje "Hacia la Cima". Nos sumergimos en la importancia vital de la evolución constante y el crecimiento personal como componentes esenciales para alcanzar y mantener el éxito. El desarrollo personal continuo no es un destino, sino un viaje constante de auto-mejora, aprendizaje y adaptación.

El desarrollo personal continuo es un concepto fundamental en el camino hacia el éxito y la realización personal. Más que un destino final, es un viaje constante de auto-mejora, aprendizaje y adaptación.

Este proceso implica un compromiso permanente con el crecimiento personal y profesional, una búsqueda incesante de conocimiento y una disposición a adaptarse a los cambios y desafíos que la vida presenta.

En primer lugar, el desarrollo personal continuo requiere de autoconocimiento. Esto implica una introspección profunda para comprender nuestras fortalezas, debilidades, valores y aspiraciones. Este entendimiento nos permite establecer metas realistas y significativas, y trazar un camino claro hacia su consecución.

El aprendizaje continuo es otro pilar del desarrollo personal. En un mundo que cambia rápidamente, mantenerse actualizado y adquirir nuevas habilidades es esencial. Esto puede lograrse a través de la educación formal, pero también mediante la lectura, la asistencia a talleres, seminarios, o incluso la exploración autodidacta. La curiosidad y el deseo de aprender son motores poderosos que impulsan nuestro crecimiento y nos mantienen relevantes y competentes.

La adaptación es también una parte crucial de este viaje. La vida y las circunstancias cambian constantemente, y nuestra capacidad para adaptarnos a estos cambios determina en gran medida nuestro éxito y felicidad. Esto implica estar abierto a nuevas ideas y enfoques, y estar dispuesto a modificar nuestros planes y estrategias cuando las situaciones lo requieran.

Además, el desarrollo personal continuo implica la búsqueda de retroalimentación y la capacidad de utilizarla constructivamente. Escuchar las opiniones y consejos de otros, ya sean colegas, mentores o amigos, nos proporciona perspectivas valiosas que podemos utilizar para mejorar y evolucionar.

Por último, pero no menos importante, el cuidado de nuestra salud física y mental es esencial en este proceso. Un cuerpo y una mente saludables son fundamentales para mantener la energía, la motivación y la claridad mental necesarias para seguir creciendo y enfrentando los retos de la vida.

El desarrollo personal continuo es un viaje en constante evolución, que implica autoconocimiento, aprendizaje, adaptación, búsqueda de retroalimentación y cuidado de la salud integral. Este camino no solo nos lleva hacia el éxito personal y profesional, sino que también enriquece cada aspecto de nuestra vida, permitiéndonos vivir de manera más plena y satisfactoria.

Abordamos la idea de que el éxito personal y profesional está intrínsecamente ligado a nuestra voluntad y capacidad para crecer y evolucionar. Se enfatiza la importancia de mantener una mentalidad de crecimiento, una perspectiva que ve los desafíos como oportunidades para aprender y los fracasos como lecciones valiosas.

Abordamos una idea crucial: el éxito personal y profesional está intrínsecamente ligado a nuestra voluntad y capacidad para crecer y evolucionar. Este concepto subraya la importancia de adoptar y mantener una mentalidad de crecimiento, una perspectiva que nos permite ver los desafíos no como obstáculos insuperables, sino como oportunidades valiosas para aprender y mejorar.

La mentalidad de crecimiento implica la creencia de que nuestras habilidades y capacidades no son fijas, sino que pueden desarrollarse a través del esfuerzo, la práctica y la perseverancia. Esta perspectiva nos anima a abrazar los retos, ya que cada uno representa una oportunidad para expandir nuestros conocimientos y habilidades. En lugar de evitar los desafíos por miedo al fracaso, una mentalidad de crecimiento nos motiva a enfrentarlos y aprender de ellos.

Asimismo, esta mentalidad transforma nuestra visión del fracaso. En lugar de verlo como un reflejo negativo de nuestras capacidades, lo consideramos como una parte esencial del proceso de aprendizaje. Los fracasos se convierten en lecciones valiosas que nos proporcionan información crucial sobre qué no funciona y cómo podemos mejorar. Esta actitud frente al fracaso fomenta la resiliencia y la capacidad de recuperación, cualidades esenciales para el éxito a largo plazo.

Además, la mentalidad de crecimiento nos impulsa a buscar constantemente formas de auto-mejora. Esto puede traducirse en buscar activamente nuevas experiencias, desafiar nuestras propias creencias y métodos, y estar abiertos a feedback y nuevas ideas. Al estar dispuestos a cuestionarnos y a cambiar, nos posicionamos en un camino de crecimiento continuo.

La mentalidad de crecimiento es una herramienta poderosa para el éxito personal y profesional. Al ver los desafíos como oportunidades y los fracasos como lecciones, no solo mejoramos nuestras habilidades y conocimientos, sino que también cultivamos una resiliencia y flexibilidad que nos beneficia en todos los aspectos de nuestra vida. Esta mentalidad nos permite abordar la vida con curiosidad, apertura y un deseo constante de crecer y evolucionar.

La educación continua, ya sea a través de la formación formal, la lectura, los seminarios web o los talleres, resalta la importancia de la curiosidad y el aprendizaje continuo como medios para ampliar nuestros horizontes, adquirir nuevas habilidades y mantenernos relevantes en un mundo en constante cambio, que nos lleva a la cima del éxito.

La educación continua es un pilar fundamental en el camino hacia el éxito, destacando la importancia de la curiosidad y el aprendizaje constante. En un mundo que evoluciona a un ritmo acelerado, mantenerse actualizado y en constante desarrollo es esencial para ampliar nuestros horizontes, adquirir nuevas habilidades y mantenernos relevantes.

La educación continua representa un pilar crucial en el camino hacia el éxito, resaltando la importancia de la curiosidad y el aprendizaje constante. En una era caracterizada por cambios rápidos y constantes, mantenerse actualizado y en continuo crecimiento es fundamental para expandir nuestros horizontes, adquirir nuevas habilidades y mantener nuestra relevancia en el mundo actual.

En este proceso de educación continua, es esencial adoptar una actitud de curiosidad y un deseo incesante de aprender. Esto implica buscar activamente oportunidades de aprendizaje, ya sea a través de cursos formales, talleres, seminarios web o simplemente explorando nuevos campos de conocimiento por cuenta propia. La formación no se limita a las aulas o a los ambientes educativos tradicionales; es un proceso continuo que puede tener lugar en cualquier momento y lugar.

Además, la educación continua es más que la simple adquisición de conocimientos; es también un medio para desarrollar habilidades críticas como el pensamiento analítico, la solución de problemas y la adaptabilidad. Estas habilidades son indispensables en un mundo donde los retos y las demandas evolucionan constantemente, y donde la capacidad de adaptarse y responder a nuevas situaciones es tan valiosa como el conocimiento en sí.

Asimismo, la educación continua nos permite no solo seguir el ritmo de los cambios en nuestro campo profesional, sino también explorar nuevas áreas de interés, lo que enriquece nuestra vida personal y profesional. Esta exploración constante abre puertas a nuevas oportunidades y experiencias, ampliando nuestra visión del mundo y enriqueciendo nuestra comprensión de él.

La educación continua es un aspecto esencial para alcanzar y mantener el éxito en nuestra vida. Al mantener una mentalidad abierta y curiosa, y al comprometernos con el aprendizaje constante, no solo nos preparamos para enfrentar los desafíos del presente, sino que también nos equipamos para las oportunidades del futuro. Este proceso continuo de aprendizaje y desarrollo personal es lo que nos permite crecer, adaptarnos y prosperar en un mundo en constante cambio.

Esta educación continua puede tomar diversas formas. La formación formal, como cursos, posgrados o certificaciones, proporciona una base sólida y estructurada de conocimientos en áreas específicas.

Estos programas suelen ofrecer una profundización en temas particulares y son una excelente manera de fortalecer nuestro perfil profesional.

La educación continua abarca una variedad de formas, cada una con sus propias ventajas y enfoques. Una de ellas es la formación formal, que incluye cursos, posgrados o certificaciones. Estos programas proporcionan una base de conocimientos sólida y estructurada en áreas específicas, permitiendo una profundización en temas particulares. Son una opción excelente para aquellos que buscan fortalecer su perfil profesional de manera significativa.

Los cursos formales, ya sean presenciales o en línea, suelen seguir un currículo bien definido y están dirigidos por expertos en la materia. Ofrecen una oportunidad para aprender de manera sistemática, cubriendo todos los aspectos esenciales de un tema. Además, estos cursos a menudo incluyen evaluaciones y proyectos que ayudan a consolidar el aprendizaje y a aplicar lo aprendido en situaciones prácticas.

Los programas de posgrado, como maestrías o doctorados, son una opción para quienes buscan una comprensión más profunda y especializada en un campo particular. Estos programas no solo amplían el conocimiento en un área específica, sino que también desarrollan habilidades de investigación, pensamiento crítico y análisis.

Las certificaciones profesionales son otra forma valiosa de educación continua. Estas suelen enfocarse en habilidades prácticas y conocimientos específicos necesarios para ciertas profesiones o industrias. Obtener una certificación puede ser un paso crucial para avanzar en una carrera, ya que demuestra competencia y experiencia en un área especializada.

Así que, la formación formal es un componente esencial de la educación continua. Ofrece estructura, profundidad y reconocimiento en el aprendizaje, lo cual es indispensable para aquellos que buscan avanzar y especializarse en su campo profesional. Estos programas proporcionan no solo conocimientos, sino también las habilidades y la confianza necesarias para destacarse y prosperar en un entorno laboral competitivo y en constante cambio.

Por otro lado, la lectura es una herramienta accesible y poderosa para el aprendizaje auto dirigido. A través de libros, artículos y publicaciones, podemos explorar una amplia gama de temas, desde el desarrollo personal hasta las últimas tendencias en nuestra área de trabajo. La lectura no solo amplía nuestro conocimiento, sino que también mejora habilidades como el pensamiento crítico y la comprensión.

Por otro lado, la lectura se presenta como una herramienta accesible y sumamente poderosa para el aprendizaje auto dirigido. Esta actividad nos permite explorar y profundizar en una amplia gama de temas, que van desde el desarrollo personal hasta las últimas tendencias y avances en nuestra área de trabajo. Los libros, artículos y diversas publicaciones se convierten en fuentes invaluables de conocimiento, ofreciendo perspectivas y entendimientos que enriquecen nuestra visión del mundo y de nuestra profesión.

La lectura, más allá de ser una simple acumulación de información, actúa como un catalizador para el desarrollo de habilidades esenciales. Por ejemplo, al leer, no solo absorbemos datos o teorías, sino que también ejercitamos y mejoramos nuestra capacidad de pensamiento crítico. Analizar argumentos, evaluar diferentes puntos de vista y reflexionar sobre las implicaciones de lo que leemos son procesos que agudizan nuestra habilidad para pensar de manera crítica y estructurada.

Además, la lectura mejora significativamente nuestras habilidades de comprensión y asimilación de información. Al enfrentarnos a textos que abordan desde conceptos básicos hasta teorías complejas, nos entrenamos para entender y procesar información de manera más eficiente. Esto es particularmente valioso en un entorno laboral donde la capacidad de asimilar rápidamente nueva información y aplicarla de manera práctica puede marcar una gran diferencia.

La lectura también ofrece una forma de aprendizaje flexible y autónoma. Podemos elegir los temas que más nos interesan o aquellos que necesitamos comprender mejor para nuestro desarrollo profesional. Además, nos permite aprender a nuestro propio ritmo, dedicando el tiempo que consideremos necesario para cada tema o libro, y adaptando la lectura a nuestro estilo de vida y horarios.

Los seminarios web y los talleres, por su parte, ofrecen una forma interactiva y práctica de aprender. Estos formatos permiten no solo adquirir nuevos conocimientos, sino también interactuar con expertos y otros participantes, lo que enriquece la experiencia de aprendizaje y ofrece nuevas perspectivas y conexiones.

Los seminarios web y los talleres representan otra faceta esencial de la educación continua, proporcionando una forma de aprendizaje interactiva y práctica. Estos formatos son particularmente valiosos porque permiten no solo la adquisición de nuevos conocimientos, sino también la interacción directa con expertos y otros participantes. Esta interactividad enriquece la experiencia de aprendizaje, aportando una dimensión adicional que no siempre está presente en otros métodos de estudio.

Los seminarios web, que a menudo se realizan en línea, ofrecen la ventaja de la accesibilidad. Permiten a los participantes de todo el mundo conectarse y aprender sobre una variedad de temas sin la necesidad de desplazarse físicamente. Durante un seminario web, los participantes pueden hacer preguntas en tiempo real, participar en debates y beneficiarse de la experiencia y conocimientos del presentador, todo desde la comodidad de su hogar u oficina.

Por otro lado, los talleres presenciales proporcionan una experiencia de aprendizaje más práctica y táctil. Estos suelen ser más interactivos y están diseñados para enseñar habilidades específicas que los participantes pueden practicar y desarrollar durante la sesión. Los talleres también ofrecen una excelente oportunidad para el networking, permitiendo a los participantes construir relaciones profesionales y personales, intercambiar ideas y colaborar en proyectos futuros.

Tanto los seminarios web como los talleres suelen estar dirigidos por expertos en la materia, lo cual asegura que la información proporcionada sea actualizada y relevante. Además, estos formatos a menudo incluyen materiales de apoyo, como diapositivas, documentos y referencias adicionales, que los participantes pueden revisar después del evento para profundizar su comprensión del tema.

En definitiva, los seminarios web y los talleres son herramientas poderosas para el desarrollo personal y profesional. Ofrecen una forma única de aprender, combinando la adquisición de conocimientos con la interacción y la práctica, y brindan la oportunidad de conectarse con expertos y colegas de diferentes áreas y contextos. Por lo tanto, incorporar estos formatos en nuestro plan de educación continua es una excelente manera de enriquecer nuestra experiencia de aprendizaje y expandir nuestras habilidades y redes profesionales.

La educación continua también implica estar abierto a nuevas experiencias y desafíos. Esto puede significar explorar áreas fuera de nuestra zona de confort, lo que fomenta la creatividad y la innovación. La curiosidad y el deseo de aprender son los motores que impulsan este proceso de educación continua, permitiéndonos descubrir nuevas pasiones e intereses.

La educación continua va más allá de la simple adquisición de nuevos conocimientos; implica también una apertura a nuevas experiencias y desafíos. Este aspecto de la educación es crucial, ya que nos anima a explorar áreas fuera de nuestra zona de confort, lo cual es un catalizador para la creatividad y la innovación. La curiosidad y el deseo constante de aprender son los verdaderos motores que impulsan este proceso, abriéndonos a un mundo de posibilidades y permitiéndonos descubrir nuevas pasiones e intereses.

Atreverse a explorar nuevos campos y disciplinas puede ser una experiencia enriquecedora y reveladora. Esto podría significar inscribirse en un curso sobre un tema completamente nuevo, asumir un proyecto que implique habilidades que aún no hemos dominado, o incluso cambiar de industria o de carrera profesional. Este tipo de desafíos, aunque a menudo intimidantes al principio, son oportunidades invaluables para el crecimiento personal y profesional.

La innovación y la creatividad se nutren de la diversidad de experiencias y conocimientos. Al exponernos a diferentes campos, ideas y culturas, ampliamos nuestra comprensión del mundo y adquirimos una variedad de perspectivas que pueden ser aplicadas de maneras únicas y creativas en nuestra vida y trabajo. Esta apertura al aprendizaje y la exploración es lo que nos mantiene adaptables y relevantes en un mundo en constante cambio.

Además, la educación continua alimentada por la curiosidad nos lleva a descubrir nuevas pasiones e intereses, lo que enriquece nuestra vida y nos brinda una sensación de realización y satisfacción. Nos ayuda a mantenernos mentalmente activos y comprometidos, lo cual es esencial para una vida larga y gratificante.

Enfocada en la apertura a nuevas experiencias y desafíos, es una parte integral del desarrollo personal y profesional. Al mantenernos curiosos y dispuestos a aprender y explorar, no solo desarrollamos nuevas habilidades y conocimientos, sino que también enriquecemos nuestra vida, fomentamos la innovación y nos preparamos para afrontar con éxito los retos del futuro.

La educación continua, orientada hacia la apertura a nuevas experiencias y desafíos, constituye un componente esencial en el desarrollo personal y profesional. Mantener una actitud de curiosidad y estar siempre dispuestos a aprender y explorar nos conduce no solamente al desarrollo de nuevas habilidades y conocimientos, sino que también enriquece nuestra vida en múltiples aspectos. Esta actitud de aprendizaje constante es fundamental para fomentar la innovación y prepararnos adecuadamente para enfrentar con éxito los desafíos que el futuro nos depare.

El compromiso con la educación continua nos impulsa a salir de nuestra zona de confort, explorando áreas que inicialmente pueden parecer ajenas o desafiantes. Este proceso de exploración y aprendizaje continuo nos permite descubrir y cultivar nuevas pasiones e intereses, ampliando así nuestro horizonte personal y profesional. Cada nueva experiencia o conocimiento adquirido nos aporta una perspectiva más amplia y una comprensión más profunda del mundo que nos rodea.

Además, la educación continua nos ayuda a mantener nuestra mente activa y ágil, características esenciales en un entorno laboral y social que está en constante evolución. Al estar al tanto de las últimas tendencias, teorías y prácticas en nuestra área de especialización, y al estar abiertos a aprender de distintos campos, nos mantenemos competitivos y relevantes en nuestras carreras. Esta versatilidad es invaluable en el mercado laboral actual, donde la capacidad de adaptarse rápidamente a nuevos roles, tecnologías y métodos de trabajo es crucial.

La curiosidad y el deseo de aprender son, por lo tanto, mucho más que meros intereses personales; son herramientas poderosas para nuestro crecimiento y éxito continuos. Nos permiten abordar los problemas desde diferentes ángulos, encontrar soluciones creativas y estar preparados para los desafíos futuros. Además, esta constante búsqueda de conocimiento y experiencias nuevas contribuye significativamente a nuestro bienestar y satisfacción general.

En conclusión, la educación continua, con su enfoque en la apertura a nuevas experiencias y desafíos, es un pilar clave en nuestro desarrollo integral como individuos. Al mantenernos curiosos, abiertos y dispuestos a aprender continuamente, no solo avanzamos en nuestra carrera profesional, sino que también enriquecemos todos los aspectos de nuestra vida, preparándonos para afrontar con éxito y confianza los retos que el futuro nos reserve.

El que nos eduquemos continuamente es una estrategia clave para el desarrollo personal y profesional. Al mantener una actitud de curiosidad y un compromiso con el aprendizaje continuo, no solo nos preparamos para enfrentar los desafíos de un mundo en constante cambio, sino que también nos acercamos paso a paso a la cima del éxito. Esta búsqueda constante del conocimiento y el desarrollo de habilidades nos posiciona como profesionales y personas siempre en evolución, listas para aprovechar nuevas oportunidades y adaptarnos a las circunstancias cambiantes.

La educación continua es una estrategia fundamental en nuestro desarrollo tanto personal como profesional. Mantener una actitud de curiosidad y comprometernos con un aprendizaje constante son elementos clave que nos preparan para afrontar los retos de un mundo en permanente evolución. Este proceso continuo de adquirir conocimientos y desarrollar habilidades es esencial para aproximarnos, paso a paso, a la cima del éxito.

Este compromiso con la educación continua implica estar siempre en búsqueda de nuevas oportunidades de aprendizaje, ya sea a través de la formación formal, la lectura, la participación en talleres o simplemente la exploración autodidacta. Esta actitud de aprendizaje constante nos permite no solo mantenernos al día con las últimas tendencias y desarrollos en nuestro campo, sino también explorar nuevas áreas que enriquecen nuestra perspectiva y comprensión del mundo.

Al dedicarnos a la educación continua, nos convertimos en profesionales y personas en constante evolución. Esta disposición para el aprendizaje y la adaptación nos posiciona de manera óptima para aprovechar nuevas oportunidades que surgen en un entorno cambiante y nos prepara para afrontar los desafíos con una mayor confianza y competencia. Cada paso en este camino de aprendizaje continuo nos acerca más a alcanzar nuestras metas y a realizar nuestro potencial al máximo.

Finalmente, se aborda la relevancia de la salud mental y física en el proceso de desarrollo personal. Cuidar de nuestro bienestar no solo mejora nuestra calidad de vida, sino que también aumenta nuestra capacidad para enfrentar desafíos y alcanzar nuestras metas.

Salud Física y Mental: Cuidado personal para un rendimiento óptimo durante el camino al éxito.

En el viaje hacia el éxito, un aspecto que a menudo se pasa por alto, pero que es de vital importancia, es el cuidado de nuestra salud física y mental. En este tema nos sumerge en la esencialidad de mantener un equilibrio saludable estos dos aspectos fundamentales de nuestra vida. La relación entre un buen estado de salud y un alto rendimiento tanto en lo personal como en lo profesional es innegable. Sin un cuidado adecuado de nuestro cuerpo y mente, es difícil mantener la energía, la motivación y la claridad mental necesarias para alcanzar nuestras metas.

El cuidado de la salud física implica más que evitar enfermedades; se trata de fomentar un bienestar general a través de la nutrición adecuada, el ejercicio regular y el descanso suficiente. Una dieta equilibrada, rica en nutrientes esenciales, proporciona la energía y los recursos que nuestro cuerpo necesita para funcionar de manera óptima. El ejercicio físico, por su parte, no solo mejora nuestra condición física, sino que también tiene efectos positivos en nuestro estado emocional y mental, aumentando la liberación de endorfinas, conocidas como las hormonas de la felicidad.

El descanso adecuado es otro pilar fundamental. Dormir lo suficiente y permitirnos momentos de descanso y desconexión nos ayuda a recuperarnos del estrés diario y a recargar energías. El sueño de calidad es crucial para el mantenimiento de la salud física y mental, ya que durante el sueño se producen procesos de reparación y consolidación de la memoria.

El descanso adecuado es, sin duda, un pilar fundamental en nuestro bienestar general y en el camino hacia el éxito. Dormir lo suficiente y permitirnos momentos para descansar y desconectar de nuestras rutinas diarias son esenciales para recuperarnos del estrés acumulado y recargar nuestras energías. El sueño de calidad juega un rol crucial en el mantenimiento de nuestra salud física y mental, ya que es durante estas horas de descanso cuando nuestro cuerpo y mente realizan procesos vitales de reparación y consolidación de la memoria.

Una buena higiene del sueño implica establecer rutinas que fomenten un descanso reparador. Esto incluye mantener un horario regular para acostarse y levantarse, crear un ambiente propicio para el sueño en nuestro dormitorio, y evitar estímulos como la luz azul de pantallas electrónicas antes de ir a la cama. Además, desarrollar rituales de relajación, como leer, meditar o tomar un baño caliente, puede preparar nuestra mente y cuerpo para una noche de sueño tranquilo y profundo.

Además del sueño nocturno, es importante reconocer el valor de los descansos cortos durante el día. Pausas breves, como una caminata al aire libre, una sesión de meditación o simplemente unos momentos de silencio, pueden ser sumamente efectivas para despejar la mente y reducir los niveles de tensión. Estos momentos de descanso no solo nos ayudan a mantenernos más concentrados y productivos durante el día, sino que también contribuyen a nuestro bienestar emocional.

En resumen, el descanso y el sueño de calidad son componentes esenciales para mantenernos saludables, energizados y enfocados en nuestras metas. Al priorizar y cuidar nuestros patrones de sueño y descanso, nos aseguramos de estar en las mejores condiciones físicas y mentales para enfrentar los desafíos diarios y avanzar en nuestro camino hacia el éxito personal y profesional. Recordemos que un descanso adecuado es tan importante como cualquier otra actividad que emprendamos en nuestra búsqueda de la excelencia y la realización.

Por otro lado, la salud mental merece igual atención. En un mundo donde el estrés y la presión son constantes, encontrar maneras de cuidar nuestra salud mental es esencial. Esto puede incluir prácticas como la meditación, el mindfulness, actividades recreativas que disfrutemos, o simplemente dedicar tiempo a estar con seres queridos. La salud mental también implica ser conscientes de nuestros pensamientos y emociones, buscando apoyo cuando sea necesario y aprendiendo a manejar el estrés de manera efectiva.

El autocuidado es una parte integral del camino hacia el éxito. No se trata simplemente de lograr objetivos profesionales o personales, sino de hacerlo de una manera que también promueva y mantenga nuestro bienestar integral.

El autocuidado es un aspecto fundamental en el camino hacia el éxito. Más allá de alcanzar objetivos profesionales o personales, es esencial que este proceso también promueva y sostenga nuestro bienestar integral. El autocuidado no debe ser visto como un lujo o un acto secundario, sino como una parte esencial de nuestra rutina diaria que influye directamente en nuestra capacidad para rendir al máximo nivel.

El autocuidado abarca una serie de prácticas y hábitos que contribuyen a nuestra salud física, mental y emocional. Esto incluye una alimentación balanceada y nutritiva, que provee a nuestro cuerpo de la energía y los nutrientes necesarios para funcionar eficientemente. Asimismo, la actividad física regular es crucial, no solo por sus beneficios en la salud física, sino también por su impacto positivo en el estado de ánimo y la reducción del estrés.

En cuanto a la salud mental, el autocuidado implica permitirse tiempo para actividades que generen placer y relajación. Esto puede variar según la persona: para algunos puede ser la lectura, para otros la meditación, el arte, pasar tiempo en la naturaleza o simplemente disfrutar de momentos de ocio con seres queridos. Estos momentos de desconexión y disfrute son cruciales para recargar energías y mantener un equilibrio emocional.

Además, el autocuidado también incluye la gestión del tiempo y la organización, lo que permite un equilibrio entre el trabajo y la vida personal. Saber cuándo tomar un descanso, cuándo pedir ayuda y cuándo delegar tareas son habilidades esenciales que forman parte del autocuidado y contribuyen a una vida más equilibrada y menos estresante.

El autocuidado no es solo un complemento, sino un componente esencial en la búsqueda del éxito. Al cuidar de nosotros mismos de manera integral, no solo mejoramos nuestra salud y bienestar, sino que también aumentamos nuestra eficacia y satisfacción en todas las áreas de nuestra vida. Por lo tanto, integrar prácticas de autocuidado en nuestra rutina diaria es un paso crucial hacia el logro de nuestras metas y la realización personal.

Al cuidar de nuestra salud física y mental, no solo mejoramos nuestra capacidad para enfrentar desafíos y alcanzar nuestras metas, sino que también aseguramos que el viaje hacia el éxito sea sostenible y gratificante a largo plazo. En resumen, una mente y un cuerpo saludables son fundamentales para un rendimiento óptimo y una vida plena y exitosa.

Creatividad e Innovación: Fomentar el pensamiento creativo.

En el capítulo "Creatividad e Innovación: Fomentar el Pensamiento Creativo", exploramos cómo la capacidad de pensar de manera creativa y original es esencial en el camino hacia el éxito. En un mundo que cambia rápidamente, donde los desafíos tradicionales requieren soluciones innovadoras, fomentar nuestra creatividad no es solo una ventaja, sino una necesidad.

Cómo fomentar el pensamiento creativo

Fomentar el pensamiento creativo es un proceso que implica desarrollar una mentalidad abierta, curiosa y exploratoria.

Aquí presentamos algunas estrategias clave para cultivar esta habilidad esencial:

Exponerse a Nuevas Experiencias: Una de las formas más efectivas de estimular la creatividad es exponerse a nuevas experiencias, ideas y culturas. Esto puede incluir viajar, aprender un nuevo idioma, explorar diferentes formas de arte o simplemente cambiar la rutina diaria. Estas experiencias amplían nuestra perspectiva y nos proporcionan una rica fuente de ideas e inspiración.

Una de las maneras más efectivas de estimular la creatividad es, sin duda, exponernos a nuevas experiencias, ideas y culturas. Esta exploración del mundo más allá de nuestras fronteras habituales abre puertas a un sinfín de posibilidades creativas.

Viajar, por ejemplo, nos sumerge en contextos diferentes, llenos de colores, sonidos y costumbres que desafían nuestras percepciones y preconceptos. Cada viaje es una aventura en sí misma, un caleidoscopio de experiencias que enriquecen nuestra comprensión del mundo y alimentan nuestra imaginación.

Del mismo modo, aprender un nuevo idioma es una ventana a una nueva forma de pensar. Cada lengua lleva consigo una visión única del mundo, y al adentrarnos en ella, nos abrimos a nuevas formas de expresión y entendimiento. Es como si, al aprender otro idioma, descubriéramos una parte inexplorada de nosotros mismos, un espacio desconocido donde las ideas fluyen de manera diferente.

Explorar diferentes formas de arte también es una fuente inagotable de inspiración. Ya sea pintura, música, literatura o danza, cada expresión artística ofrece una perspectiva única y una forma distinta de interpretar la realidad. El arte nos desafía a ver más allá de lo obvio, a buscar significados más profundos y a conectar con emociones y experiencias universales.

Incluso cambiar nuestra rutina diaria puede tener un impacto significativo en nuestra creatividad. Romper con lo cotidiano, probar una nueva ruta al trabajo, cambiar el orden de nuestras actividades diarias o simplemente dedicar tiempo a un hobby nuevo, todo ello puede despertar nuestra curiosidad y estimular nuestra mente.

Exponernos a nuevas experiencias es vital para mantener viva la llama de la creatividad. Estas experiencias nos sacan de nuestra zona de confort y amplían nuestra perspectiva del mundo, brindándonos una rica fuente de ideas e inspiración. Al abrirnos a lo nuevo y desconocido, no solo enriquecemos nuestra vida, sino que también alimentamos ese motor creativo que impulsa nuestras aspiraciones y sueños.

Practicar la Curiosidad Activa: Mantener una actitud de curiosidad en nuestra vida cotidiana nos ayuda a ver el mundo desde diferentes ángulos. Hacer preguntas, explorar por qué las cosas son como son y qué podría cambiar, son ejercicios que agudizan nuestro pensamiento creativo.

Practicar la curiosidad activa es fundamental para agudizar nuestro pensamiento creativo y ver el mundo desde perspectivas innovadoras. Mantener una actitud de curiosidad en nuestra vida cotidiana nos invita a explorar lo desconocido y a cuestionar lo conocido. Esta actitud nos lleva a hacer preguntas, a indagar sobre por qué las cosas son como son y a imaginar cómo podrían ser diferentes.

La curiosidad activa nos impulsa a no conformarnos con las primeras respuestas o soluciones que encontramos. Nos motiva a profundizar más, a buscar múltiples explicaciones o alternativas y a no dar por sentado que lo establecido es la única manera de hacer las cosas. Por ejemplo, al enfrentarnos a un problema, en lugar de aplicar soluciones rutinarias, nos preguntamos si hay otras formas de abordarlo, incluso formas que nunca antes se hayan considerado.

Esta práctica constante de cuestionar y explorar fomenta una mente flexible y abierta. Nos ayuda a romper patrones de pensamiento fijos y a superar los límites de nuestra imaginación. Además, la curiosidad activa enriquece nuestras experiencias y relaciones. Al interesarnos genuinamente por los demás y por el mundo que nos rodea, abrimos canales de comunicación y entendimiento que trascienden lo superficial.

Incorporar la curiosidad activa en nuestro día a día puede ser tan sencillo como cambiar la forma en que realizamos nuestras actividades rutinarias, buscar aprender sobre un tema nuevo cada día, o simplemente detenernos a observar nuestro entorno con ojos de explorador. Cada momento se convierte en una oportunidad para descubrir y aprender algo nuevo.

Al nutrir nuestra curiosidad, no solo enriquecemos nuestra vida con nuevos conocimientos y experiencias, sino que también cultivamos una habilidad esencial para la innovación y la solución creativa de problemas.

Crear Espacios para la Reflexión: Dedicar tiempo para la reflexión tranquila y sin distracciones es fundamental. Esto puede implicar meditación, paseos en solitario o simplemente momentos de quietud. Estos espacios permiten que nuestra mente procese ideas y haga conexiones que no son evidentes en el bullicio del día a día.

Crear espacios para la reflexión tranquila y sin distracciones es un elemento crucial en el proceso creativo. En la constante agitación de la vida cotidiana, con sus innumerables tareas y responsabilidades, a menudo se nos hace difícil encontrar momentos de calma para reflexionar y dejar fluir nuestras ideas. Por ello, es esencial dedicar conscientemente tiempo y espacio para la reflexión.

Estos momentos de tranquilidad pueden adoptar diversas formas. La meditación, por ejemplo, es una práctica poderosa que nos ayuda a centrar nuestra mente, aclarar nuestros pensamientos y fomentar una conciencia plena del momento presente. Al meditar, nos alejamos del ruido externo y de las preocupaciones diarias, lo que nos permite escuchar nuestra voz interior y conectar con nuestra creatividad.

Los paseos en solitario también son una excelente manera de propiciar la reflexión. El simple acto de caminar, especialmente en entornos naturales, puede ser tremendamente terapéutico y estimulante para la mente. Estos paseos nos ofrecen la oportunidad de alejarnos físicamente de nuestras rutinas, lo que a menudo conduce a una mayor claridad mental y a la emergencia de nuevas ideas.

Incluso breves momentos de quietud, como unos minutos de silencio antes de comenzar el día o un breve descanso para respirar profundamente, pueden ser significativos. Estos pequeños oasis de calma en nuestro día a día nos permiten hacer una pausa, reflexionar y recargar nuestras energías creativas.

Estos espacios de reflexión son esenciales para procesar nuestras ideas, experiencias y emociones. En la tranquilidad, nuestra mente tiene la oportunidad de explorar, conectar y crear de maneras que el constante ajetreo no permite. Las conexiones y revelaciones que surgen durante estos momentos pueden ser increíblemente valiosas para nuestro crecimiento personal y profesional.

Crear y aprovechar espacios para la reflexión tranquila es una práctica esencial para nutrir nuestro pensamiento creativo. Al hacer de la reflexión una parte regular de nuestra vida, no solo fomentamos una mayor creatividad y claridad mental, sino que también abrimos un canal hacia una comprensión más profunda de nosotros mismos y del mundo que nos rodea. Estos momentos de calma son, por tanto, un regalo invaluable en nuestro camino hacia la innovación y el éxito personal.

Brainstorming y Lluvia de Ideas: Practicar sesiones de brainstorming, solo o en grupo, donde se fomente la generación de ideas sin censura ni crítica, puede ser una herramienta poderosa. Esto permite que surjan pensamientos innovadores que de otra manera podrían ser descartados demasiado pronto.

El brainstorming o lluvia de ideas es una técnica poderosa para fomentar la creatividad, tanto individual como colectiva. Esta metodología consiste en generar una gran cantidad de ideas en un corto período de tiempo, sin juzgarlas ni censurarlas en el proceso inicial. Ya sea trabajando solo o en grupo, el brainstorming crea un ambiente en el que la libertad de pensamiento prevalece, permitiendo que surjan ideas innovadoras y originales.

En sesiones de brainstorming en grupo, la diversidad de perspectivas y experiencias de los participantes puede enriquecer enormemente el proceso creativo. Cada persona aporta su visión única, lo que puede desencadenar una cadena de pensamientos y conceptos que tal vez no se hubieran considerado de otra manera. En este entorno, las ideas se construyen y se expanden colectivamente, lo que puede conducir a soluciones verdaderamente innovadoras.

Por otro lado, el brainstorming individual también es una técnica valiosa. En la soledad, sin las posibles inhibiciones que a veces pueden surgir en un grupo, se puede explorar libremente y sin restricciones. Esto puede ser especialmente útil para generar ideas preliminares o para desarrollar un concepto antes de llevarlo a un grupo más grande.

Una regla clave del brainstorming es suspender el juicio crítico durante la fase inicial. Esto significa evitar descartar ideas de inmediato, no importa cuán poco convencionales o improbables parezcan. Al mantener un ambiente abierto y acogedor, donde todas las ideas son válidas y bienvenidas, se fomenta una mayor participación y se abre el espacio para la verdadera innovación.

Después de la sesión de brainstorming, viene la etapa de revisión y análisis, donde se evalúan las ideas generadas y se seleccionan las más prometedoras para su posterior desarrollo. Es importante recordar que el objetivo de esta técnica no es llegar a una solución final inmediata, sino generar una amplia gama de posibilidades que puedan ser refinadas y concretadas en etapas posteriores.

El brainstorming es una herramienta esencial en el proceso creativo. Ya sea en solitario o en grupo, estas sesiones de lluvia de ideas proporcionan un terreno fértil para la generación de pensamientos innovadores y creativos, fundamentales para cualquier proceso de resolución de problemas o desarrollo de nuevos proyectos. Al practicar el brainstorming, fomentamos una mente abierta y receptiva, esencial para la exploración creativa y el éxito en nuestros emprendimientos.

Aprender de Otras Disciplinas: Mirar más allá de nuestro campo de especialización y aprender de otras disciplinas puede abrirnos a nuevas formas de pensar. La interdisciplinariedad enriquece nuestra comprensión y nos permite abordar problemas desde perspectivas únicas.

Aprender de otras disciplinas y adoptar un enfoque interdisciplinario es una estrategia enriquecedora que expande nuestro panorama intelectual y creativo. Mirar más allá de nuestro campo de especialización y explorar diferentes áreas de conocimiento nos permite descubrir nuevas formas de pensar y abordar problemas. Esta interacción entre distintas disciplinas no solo enriquece nuestra comprensión del mundo, sino que también nos brinda herramientas únicas para afrontar desafíos desde perspectivas innovadoras.

La interdisciplinariedad implica reconocer que las soluciones a problemas complejos a menudo se encuentran en la convergencia de diferentes campos del saber. Por ejemplo, la combinación de la tecnología con las ciencias sociales puede dar lugar a soluciones más humanas y efectivas en el ámbito del desarrollo de software. Del mismo modo, la integración de la creatividad artística con los principios empresariales puede abrir nuevas vías en el marketing y la publicidad.

Adentrarse en otras disciplinas requiere una mente abierta y curiosa. Esto puede significar tomar un curso en un área completamente ajena a nuestra experiencia, leer libros o artículos sobre temas variados, o colaborar con profesionales de otros campos. Estas actividades nos sacan de nuestra zona de confort intelectual y nos exponen a diferentes métodos de pensamiento y resolución de problemas.

La interdisciplinariedad también fomenta la creatividad al permitirnos combinar ideas y conceptos de diversas áreas para crear algo completamente nuevo. Esta fusión de conocimientos puede llevar a innovaciones disruptivas y a un enriquecimiento significativo de nuestro trabajo y pensamiento creativo.

Aprender de otras disciplinas y adoptar un enfoque interdisciplinario nos proporciona una perspectiva más amplia y diversa. Nos permite abordar problemas desde ángulos únicos y encontrar soluciones innovadoras que podrían pasar desapercibidas si nos limitamos a un solo campo de conocimiento.

Al integrar ideas y conceptos de diferentes disciplinas, no solo enriquecemos nuestra comprensión y habilidades, sino que también abrimos puertas a nuevas oportunidades y formas de innovación.

Aceptar y Aprender del Fracaso: Ver el fracaso como una parte integral del proceso creativo es esencial. Cada error ofrece valiosas lecciones y oportunidades para crecer. La resiliencia y la capacidad de aprender de los errores son cualidades cruciales para el pensamiento creativo.

Aceptar y aprender del fracaso es crucial en el proceso creativo y en el camino hacia el éxito. El fracaso no debe verse como un final, sino como una parte integral y necesaria del proceso de aprendizaje y desarrollo. Cada error, cada tropiezo, nos brinda lecciones valiosas y oportunidades para crecer, tanto a nivel personal como profesional.

Ver el fracaso desde esta perspectiva requiere un cambio en la mentalidad tradicional. En lugar de considerar el fracaso como una señal de debilidad o incompetencia, podemos abordarlo como un maestro, una fuente de conocimiento y entendimiento. Cada situación fallida nos enseña algo nuevo sobre nosotros mismos, sobre nuestras habilidades y sobre cómo abordar mejor los problemas en el futuro.

La resiliencia, esa capacidad de recuperarse y seguir adelante después de un revés, es una cualidad indispensable para el pensamiento creativo. El camino hacia la innovación está lleno de pruebas y errores, y la resiliencia nos permite navegar por este camino, aprendiendo y adaptándonos constantemente. La verdadera innovación a menudo surge de la persistencia y la capacidad de ver más allá de los errores inmediatos hacia las posibilidades futuras.

Aprender de los errores también significa estar dispuesto a realizar una introspección honesta y objetiva. ¿Qué salió mal? ¿Qué podría haberse hecho de manera diferente? ¿Qué lecciones pueden extraerse de esta experiencia? Esta autoevaluación no solo nos ayuda a identificar áreas de mejora, sino que también refuerza nuestra capacidad de enfrentar desafíos futuros de manera más efectiva.

Además, compartir y discutir nuestros fracasos con otros puede ser enormemente beneficioso. Esta apertura no solo puede proporcionar nuevas perspectivas y consejos, sino que también normaliza el fracaso como parte del proceso creativo y profesional. Al compartir nuestras experiencias, podemos aprender unos de otros y fortalecer nuestra capacidad colectiva para innovar y superar obstáculos.

Aceptar y aprender del fracaso es fundamental para el desarrollo del pensamiento creativo y la consecución del éxito. Al abrazar nuestros errores como oportunidades de aprendizaje y crecimiento, desarrollamos la resiliencia y la sabiduría necesarias para superar los desafíos y convertir las ideas innovadoras en realidades exitosas. El fracaso, lejos de ser un obstáculo, es un escalón vital en la escalera hacia el logro y la realización personal y profesional.

Fomentar la Diversidad de Pensamiento: Rodearse de personas con diferentes experiencias y puntos de vista puede fomentar la creatividad. La colaboración y el intercambio de ideas con otros nos desafían a pensar de maneras nuevas y a considerar perspectivas alternativas.

Fomentar la diversidad de pensamiento es un elemento esencial para nutrir la creatividad y la innovación. Rodearse de personas con diferentes experiencias, culturas, y puntos de vista ofrece una riqueza inestimable para cualquier proceso creativo o de toma de decisiones. La colaboración e intercambio de ideas con personas de diversos orígenes nos desafían a pensar de maneras nuevas y nos abren a considerar perspectivas y soluciones alternativas.

Cuando interactuamos con personas que tienen experiencias de vida distintas a las nuestras, estamos expuestos a diferentes formas de resolver problemas y a enfoques únicos que pueden enriquecer nuestro propio pensamiento. Esta diversidad de pensamiento nos ayuda a romper con nuestros patrones habituales y a explorar nuevas posibilidades que, de otro modo, podrían permanecer ocultas.

La diversidad no se limita solo a las diferencias culturales o de experiencia; también abarca diferentes disciplinas, especializaciones y áreas de conocimiento. Trabajar en equipos multidisciplinarios puede ser especialmente enriquecedor, ya que cada miembro aporta su expertise y perspectiva única, creando un caldo de cultivo ideal para la innovación y la solución creativa de problemas.

Además, la diversidad de pensamiento fomenta un entorno donde se valora y celebra la originalidad y la creatividad. En un grupo donde se alientan diferentes puntos de vista, se crea una atmósfera de apertura y aceptación, lo que anima a los individuos a expresar sus ideas más audaces y creativas sin temor al juicio o la censura.

Fomentar el pensamiento creativo implica una combinación de exposición a nuevas experiencias, curiosidad activa, reflexión, aprendizaje interdisciplinario y una actitud abierta al fracaso y a la diversidad de pensamiento. Al integrar estas prácticas en nuestra vida diaria, podemos mejorar nuestra capacidad para generar ideas innovadoras y abordar desafíos de maneras originales y efectivas.

Otra técnica para fomentar la creatividad es la práctica de brainstorming o lluvia de ideas, un proceso donde se generan ideas sin juzgarlas inicialmente. Esto permite que surjan pensamientos y conexiones que de otra manera podrían pasar desapercibidos. Es importante crear un ambiente donde todas las ideas sean bienvenidas y valoradas, ya que esto alienta una mayor participación y diversidad de pensamiento.

Además, es fundamental desarrollar la capacidad de ver los problemas y desafíos desde diferentes ángulos. Esto implica cuestionar lo convencional y no tener miedo de desafiar las normas y las suposiciones establecidas. A menudo, las soluciones más creativas surgen de una perspectiva única o de un enfoque completamente nuevo.

Fomentar la diversidad de pensamiento es una estrategia clave para impulsar la creatividad y la innovación. Rodearnos de personas con diferentes experiencias, culturas, y puntos de vista enriquece nuestro proceso de pensamiento y nos abre a nuevas posibilidades. La colaboración y el intercambio de ideas en un entorno diverso nos desafían a pensar de manera más amplia y a considerar perspectivas que quizás nunca hubiéramos contemplado por nuestra cuenta.

Resaltamos la importancia del tiempo para la reflexión y la soledad. Aunque la colaboración es vital para el pensamiento creativo, los momentos de soledad también pueden ser increíblemente productivos. Estos momentos nos permiten procesar y reflexionar sobre nuestras ideas sin distracciones, lo que a menudo conduce a insights y soluciones creativas.

Resaltar la importancia del tiempo dedicado a la reflexión y la soledad es fundamental para nutrir el pensamiento creativo. Si bien la colaboración juega un rol vital en el proceso creativo, proporcionando una diversidad de perspectivas y fomentando el intercambio de ideas, los momentos de soledad ofrecen un valor único e insustituible. Estos periodos de introspección nos permiten procesar y reflexionar sobre nuestras ideas en un entorno libre de distracciones externas, lo que a menudo desemboca en la generación de insights y soluciones creativas.

En la tranquilidad de la soledad, nuestra mente puede vagar libremente, explorar posibilidades y conectar conceptos de maneras que no siempre son posibles en un entorno grupal. Estos momentos de reflexión profunda nos permiten profundizar en nuestras ideas, analizarlas desde diferentes ángulos y pulirlas. La soledad también nos brinda la oportunidad de escuchar nuestra voz interior, una fuente inestimable de creatividad y autoconocimiento.

Además, la reflexión en soledad nos permite desconectarnos de las influencias y opiniones de los demás, lo que puede ser esencial para desarrollar una visión única y auténtica. En este espacio íntimo, podemos enfrentarnos a nuestras dudas y temores, superar barreras internas y fortalecer nuestra confianza en nuestras propias ideas.

Sin embargo, equilibrar estos momentos de soledad con interacciones colaborativas

es clave. Mientras que la soledad nos
ofrece un terreno fértil para la reflexión y
la incubación de ideas, la colaboración nos
brinda la oportunidad de poner a prueba
estas ideas, obtener retroalimentación y
perfeccionarlas.

El tiempo dedicado a la reflexión y la
soledad es un componente crucial en el
proceso creativo. Estos momentos nos
proporcionan un espacio necesario para la
introspección, el análisis profundo y el
desarrollo de ideas originales. Al equilibrar
sabiamente la soledad con la colaboración,
podemos maximizar nuestro potencial
creativo, llevando nuestras ideas desde la
incubación interna hasta su realización y
expresión en el mundo exterior.

Es crucial enfatizar la importancia de
cultivar la resiliencia y mantener una
actitud abierta frente al fracaso, aspectos
fundamentales en el desarrollo de una
mentalidad creativa. La creatividad, en su
esencia, conlleva tomar riesgos y enfrentar
la posibilidad de fracasar. Este proceso de
experimentación y exploración, donde no
siempre se obtienen los resultados

esperados, es vital para el crecimiento y la innovación.

La resiliencia, entendida como la capacidad de recuperarse y aprender de los fracasos, es un ingrediente clave en la búsqueda creativa. En lugar de desanimarnos o detenernos ante los errores, la resiliencia nos impulsa a seguir adelante, a extraer lecciones valiosas de nuestras experiencias y a aplicar esos aprendizajes en futuros proyectos. Esta actitud nos permite ver cada fracaso no como un final, sino como un paso más en nuestro camino de desarrollo personal y profesional.

Además, abordar los errores con una mentalidad de crecimiento, viéndolos como oportunidades para aprender y mejorar, es esencial para fomentar la creatividad. Cada error nos brinda información valiosa sobre lo que funciona y lo que no, lo que nos puede llevar a ajustar nuestras estrategias y enfoques. Esta disposición a aprender de los fracasos nos hace más flexibles, adaptables y, en última instancia, más creativos.

Cultivar esta actitud frente al fracaso no solo nos beneficia a nivel individual, sino que también puede transformar la cultura de un equipo o una organización. Alentar un ambiente donde se celebra la experimentación y se acepta el fracaso como parte del proceso creativo, se crea un espacio seguro para la innovación y la toma de riesgos.

En conclusión, la resiliencia y la apertura al fracaso son componentes esenciales en el fomento de una mentalidad creativa. Al abrazar los riesgos y aprender de nuestros errores, no solo mejoramos nuestras habilidades y conocimientos, sino que también abrimos la puerta a nuevas posibilidades creativas y a un progreso significativo en todas nuestras empresas creativas. Estos elementos son, por tanto, fundamentales para cualquier persona que aspire a ser creativa, innovadora y exitosa en sus emprendimientos.

Mentoría y Coaching: Aprender de los expertos y guías en el camino a la cima del éxito personal.

La mentoría y el coaching son herramientas esenciales en el camino hacia el éxito personal, proporcionando una guía invaluable en el proceso de crecimiento y desarrollo. Aprender de los expertos y mentores, personas que han recorrido caminos similares y enfrentados desafíos parecidos a los nuestros, puede acelerar nuestro progreso y ayudarnos a evitar errores comunes.

Los mentores, con su experiencia y conocimiento, ofrecen consejos, perspectivas y lecciones aprendidas a lo largo de sus propias trayectorias. La relación con un mentor es una de las maneras más efectivas de obtener una visión profunda y práctica de nuestro campo de interés. Los mentores no solo nos proporcionan orientación específica y consejos basados en sus experiencias personales, sino que también pueden actuar como una fuente de inspiración y motivación.

Por otro lado, el coaching se enfoca más en el desarrollo personal y profesional, ayudando a identificar y alcanzar objetivos específicos. Un coach trabaja para desbloquear nuestro potencial, ayudándonos a mejorar nuestras habilidades y a superar barreras que pueden estar impidiendo nuestro progreso. A través de preguntas poderosas y técnicas de coaching, nos guían para reflexionar profundamente y encontrar nuestras propias soluciones y estrategias.

Ambas figuras, mentores y coaches, desempeñan un rol crucial en nuestra capacidad para crecer y desarrollarnos. Nos ayudan a ganar claridad sobre nuestras metas y el camino para alcanzarlas, nos ofrece una perspectiva externa y objetiva, y nos apoyan en el desafío de expandir nuestras habilidades y superar nuestras limitaciones.

Incorporar la mentoría y el coaching en nuestro camino hacia el éxito personal significa reconocer que no tenemos que hacerlo todo solos. Aceptar la guía y el apoyo de quienes tienen más experiencia es una señal de fortaleza y apertura al aprendizaje. Esta colaboración puede ser una de las inversiones más valiosas en nuestro desarrollo personal y profesional, brindándonos las herramientas y el conocimiento necesario para escalar a la cima del éxito con mayor confianza y preparación.

Incorporar la mentoría y el coaching en nuestro camino hacia el éxito personal es un reconocimiento de que el viaje hacia la cima no tiene por qué ser un esfuerzo solitario. Aceptar la guía y el apoyo de aquellos que poseen una mayor experiencia no es un signo de debilidad, sino una muestra de fortaleza y una clara apertura al aprendizaje. Esta colaboración representa una de las inversiones más valiosas que podemos hacer en nuestro desarrollo personal y profesional.

Los mentores y coaches nos proporcionan herramientas y conocimientos que aceleran nuestro crecimiento. Ellos nos ofrecen perspectivas que quizás no podamos ver por nosotros mismos, nos orientan a través de sus experiencias y nos ayudan a navegar en los desafíos y decisiones complicadas. Su guía puede ser crucial en momentos de incertidumbre o cuando nos enfrentamos a obstáculos que parecen insuperables.

A través de la mentoría y el coaching, aprendemos a identificar y capitalizar nuestras fortalezas, así como a reconocer y mejorar nuestras áreas de debilidad. Estos profesionales nos ayudan a definir metas claras y realistas, y a establecer planes de acción concretos para alcanzarlas. Nos enseñan a pensar críticamente, a resolver problemas de manera efectiva y a desarrollar habilidades esenciales para nuestro avance.

Además, la relación con un mentor o coach puede ser una fuente inagotable de motivación y apoyo. En momentos donde nuestra determinación puede flaquear, ellos pueden ofrecer el aliento y la confianza que necesitamos para seguir adelante. Su confianza en nuestras capacidades puede ser el impulso que necesitamos para dar pasos audaces hacia nuestras metas.

La mentoría y el coaching son elementos fundamentales en el desarrollo de cualquier persona que aspire al éxito. Nos brindan no solo conocimientos y estrategias, sino también una visión más amplia y un apoyo continuo en nuestro camino. Al abrirnos a estas formas de aprendizaje y colaboración, nos preparamos para escalar a la cima del éxito con una mayor confianza, preparación y posibilidades de éxito.

Capítulo 7

Séptimo paso

Alcanzando el Éxito

"El éxito no es el final del camino, sino el viaje mismo. Es la suma de pequeños esfuerzos, repetidos día tras día, donde la perseverancia y la pasión son nuestros fieles compañeros de ruta."

Definiendo el Éxito Personal: Qué significa el éxito para ti.

En nuestro camino hacia el éxito, es fundamental detenernos a reflexionar sobre qué significa realmente el éxito para cada uno de nosotros. Esta reflexión personal es crucial, ya que el éxito puede variar enormemente de una persona a otra. Para algunos, el éxito puede estar relacionado con logros profesionales, como alcanzar una posición deseada o crear una empresa exitosa. Para otros, podría ser más personal, como lograr un equilibrio entre la vida laboral y personal, contribuir a la comunidad o alcanzar metas personales como la escritura de un libro o el aprendizaje de un nuevo idioma.

Definir nuestro propio concepto de éxito es un paso esencial para trazar un camino claro y significativo hacia él. Esta definición personal de éxito nos guía en la toma de decisiones y nos ayuda a establecer metas que realmente resuenan con nuestros valores y aspiraciones. Al tener una visión clara de lo que queremos lograr, podemos enfocar nuestros esfuerzos y recursos de manera más efectiva, y medir nuestro progreso de una manera que tenga sentido para nosotros.

Es importante recordar que el éxito es un concepto dinámico y que puede cambiar a lo largo de nuestra vida. Lo que consideramos éxito hoy puede no ser lo mismo que valoraremos mañana. Por lo tanto, es saludable revisar y ajustar nuestra definición de éxito a medida que crecemos y evolucionamos, tanto personal como profesionalmente.

Además, el éxito no siempre es lineal ni exento de obstáculos. A menudo, el camino hacia el éxito está lleno de desafíos, fracasos y aprendizajes. Estos contratiempos no solo son naturales, sino que también son oportunidades valiosas para el crecimiento personal y la resiliencia. Aceptar y aprender de estos desafíos es tan importante como celebrar los logros.

Es fundamental comprender que el camino hacia el éxito rara vez es lineal y que está frecuentemente jalonado de obstáculos y desafíos. Lejos de ser meras complicaciones, estos contratiempos son en realidad oportunidades valiosas para el crecimiento personal y el fortalecimiento de nuestra resiliencia. Cada desafío, cada fracaso, es una lección en sí misma, brindándonos la posibilidad de aprender, adaptarnos y desarrollar una mayor fortaleza interior.

Comprender que el camino hacia el éxito raramente es lineal y está frecuentemente lleno de obstáculos y desafíos es esencial para cualquier persona que aspire a lograr sus metas. Estos contratiempos, lejos de ser meras complicaciones, representan en realidad valiosas oportunidades para nuestro crecimiento personal y para fortalecer nuestra resiliencia. Cada desafío que enfrentamos, cada fracaso que experimentamos, se convierte en una lección de vida, brindándonos la oportunidad de aprender, adaptarnos y desarrollar una fortaleza interior que antes no conocíamos.

Es fácil percibir los obstáculos y los fracasos como señales de derrota, pero la realidad es que son parte integral del proceso de crecimiento. Estos momentos de dificultad nos enseñan sobre la perseverancia, la paciencia y la importancia de mantener la fe en nosotros mismos y en nuestras capacidades. Cada vez que superamos un desafío, ganamos no solo experiencia y conocimiento, sino también la confianza en nuestra capacidad para manejar situaciones futuras.

Además, estos contratiempos nos ofrecen la oportunidad de reflexionar críticamente sobre nuestras estrategias y métodos, lo que a menudo resulta en un aprendizaje más profundo y en mejoras significativas en nuestra forma de actuar. En lugar de desalentarnos, los fracasos pueden servir como un catalizador para la innovación y la creatividad, empujándonos a explorar nuevas rutas y soluciones que antes no habíamos considerado.

La resiliencia, la capacidad de recuperarse de las dificultades, se fortalece con cada obstáculo superado. Esta cualidad no solo es valiosa en el ámbito personal, sino también en el profesional, donde la capacidad de adaptarse y seguir adelante ante la adversidad es altamente apreciada.

A menudo, la tendencia natural es ver el fracaso como algo negativo, algo que debe evitarse a toda costa. Sin embargo, cambiar nuestra perspectiva sobre el fracaso puede transformar nuestra trayectoria hacia el éxito. En lugar de percibir los fracasos como finales definitivos, podemos verlos como escalones en el proceso de aprendizaje, como experiencias que nos brindan conocimientos cruciales y nos preparan para futuros desafíos.

Aceptar y aprender de estos obstáculos es tan crucial como celebrar nuestros éxitos. Cada vez que nos enfrentamos a un revés y lo superamos, no solo avanzamos hacia nuestras metas, sino que también desarrollamos habilidades importantes como la adaptabilidad, la perseverancia y la capacidad de pensamiento crítico. Estas habilidades nos hacen más fuertes y versátiles, preparándonos mejor para cualquier desafío que pueda presentarse en el futuro.

Aceptar y aprender de los obstáculos es tan crucial como celebrar nuestros éxitos. En nuestro viaje hacia el logro de metas, los contratiempos y desafíos son inevitables, pero cada uno de ellos nos ofrece una oportunidad única de crecimiento y aprendizaje. Cada vez que nos enfrentamos a una dificultad y la superamos, no solo damos un paso adelante hacia nuestros objetivos, sino que también desarrollamos habilidades esenciales que enriquecen nuestro repertorio personal y profesional.

La adaptabilidad, una habilidad crucial en un mundo en constante cambio, se fortalece enormemente a través de estos desafíos. Aprender a ajustar nuestros planes y estrategias frente a las circunstancias cambiantes nos permite navegar con más eficacia en situaciones futuras. Esta flexibilidad es una herramienta invaluable en la vida personal y profesional.

La perseverancia, esa capacidad de continuar adelante a pesar de las dificultades, se afianza con cada obstáculo superado. Estos momentos nos enseñan la importancia de la tenacidad y la determinación. Al perseverar a través de los desafíos, construimos un carácter más fuerte y una mayor confianza en nuestra capacidad para alcanzar nuestros objetivos.

La capacidad de pensamiento crítico también se ve realzada al enfrentarnos a contratiempos. Analizar las situaciones difíciles, evaluar diferentes opciones y tomar decisiones informadas son aspectos de este tipo de pensamiento. Esta habilidad nos permite no solo superar los desafíos, sino también prevenir posibles problemas en el futuro.

Además, los desafíos y fracasos nos enseñan sobre nosotros mismos: sobre nuestra capacidad de resistir, sobre nuestra determinación y sobre nuestras verdaderas pasiones. A menudo, es en los momentos de mayor dificultad donde descubrimos la profundidad de nuestro coraje y nuestra capacidad para superar las adversidades.

El éxito no se mide solo por los logros alcanzados, sino también por los obstáculos superados en el camino. Aceptar y aprender de los desafíos es esencial en nuestro viaje hacia el éxito. Estos momentos no solo son pruebas que debemos superar, sino también experiencias valiosas que enriquecen nuestro viaje, fortalecen nuestro carácter y nos moldean en individuos más completos y preparados para afrontar el futuro con confianza y determinación.

En última instancia, el éxito personal es un viaje que va mucho más allá de los logros externos. Es un proceso de autodescubrimiento, de perseguir nuestras pasiones y de vivir de acuerdo con nuestros valores más profundos. Al definir nuestro propio éxito y seguir ese camino con integridad y autenticidad, no solo alcanzamos nuestras metas, sino que también encontramos satisfacción y plenitud en el proceso. En resumen, el éxito es un viaje personal, único para cada individuo, y es en la búsqueda de ese éxito personal donde a menudo encontramos nuestra mayor realización.

Celebrando Logros: Reconocer y apreciar tus victorias.

Celebrar nuestros logros es un aspecto fundamental en el camino hacia el éxito. Reconocer y apreciar nuestras victorias, tanto grandes como pequeñas, no solo nos proporciona un sentido de realización, sino que también fortalece nuestra motivación y confianza para enfrentar futuros desafíos. Cada logro, desde los más modestos hasta los más significativos, es un testimonio de nuestro esfuerzo, dedicación y persistencia.

En la celebración de nuestros éxitos, es importante tomar un momento para reflexionar sobre el camino que nos llevó hasta allí. Esto incluye reconocer los obstáculos que hemos superado, los aprendizajes adquiridos y el crecimiento personal experimentado a lo largo del proceso. Estos momentos de reflexión y gratitud nos permiten valorar verdaderamente el significado de nuestros logros y el progreso que hemos hecho.

Además, celebrar nuestros logros nos brinda la oportunidad de compartir nuestra alegría y éxito con otros. Ya sea con familiares, amigos o colegas, compartir estos momentos fortalece nuestras relaciones y nos permite apoyarnos mutuamente en nuestras aspiraciones. Estas celebraciones se convierten en puntos de conexión y reconocimiento que fomentan un ambiente de apoyo y camaradería.

Es también vital reconocer que cada logro es un paso hacia metas mayores. Cada éxito, por pequeño que sea, es una pieza en el rompecabezas de nuestros sueños y ambiciones. Estas victorias nos impulsan hacia adelante, proporcionándonos la energía y el impulso para continuar en nuestra búsqueda del éxito.

Es crucial reconocer que cada logro, independientemente de su tamaño, constituye un paso significativo hacia metas más grandes y ambiciosas. Cada éxito, ya sea un pequeño avance o una gran conquista, es una pieza fundamental en el rompecabezas de nuestros sueños y aspiraciones. Estos triunfos son mucho más que meros hitos; son fuentes de energía y motivación que nos impulsan a seguir adelante en nuestra incansable búsqueda del éxito.

Cada victoria, por mínima que parezca, debe ser valorada y celebrada. Estos momentos de éxito son testimonios de nuestro esfuerzo, nuestra resiliencia y nuestro compromiso con nuestros objetivos. Nos recuerdan que el progreso, a menudo, se construye a través de una serie de pequeños pasos, cada uno de ellos contribuyendo a la realización de nuestros objetivos a largo plazo.

Cada victoria, por pequeña que sea, merece ser valorada y celebrada. Estos momentos de éxito son verdaderos testimonios de nuestro esfuerzo, resiliencia y compromiso con nuestros objetivos. Nos recuerdan que el camino hacia la realización de nuestras metas a menudo se construye a través de una serie de pequeños pasos, donde cada uno aporta su granito de arena en este proceso de construcción.

Cuando celebramos nuestros logros, no importa su magnitud, reconocemos y reafirmamos el valor de nuestro trabajo y dedicación. Esto es especialmente importante en un mundo donde a menudo se busca la gratificación instantánea y donde los logros más significativos pueden tardar en materializarse. Cada pequeño éxito es un recordatorio de que estamos en el camino correcto, fortaleciendo nuestra motivación y nuestra confianza para seguir adelante.

Además, celebrar nuestras victorias nos ayuda a mantener una perspectiva positiva. Enfocarnos en lo que hemos logrado, en lugar de en lo que aún falta por alcanzar, puede ser una fuente poderosa de energía y optimismo. Esto es vital, especialmente cuando nos enfrentamos a desafíos o períodos de incertidumbre.

Estos momentos de celebración también son una oportunidad para compartir nuestro viaje con otros. Al compartir nuestras victorias, motivamos a quienes nos rodean, fomentamos un ambiente de apoyo mutuo y nos conectamos con otros en un nivel más profundo. Estas conexiones enriquecen nuestra experiencia y nos brindan una red de apoyo para los momentos menos fáciles.

Además, estos logros sirven como recordatorios de nuestro potencial y de lo que somos capaces de alcanzar. Nos ofrecen momentos de reflexión para apreciar el camino recorrido, las habilidades adquiridas y el conocimiento ganado. Reconocer nuestras victorias nos ayuda a construir una sensación de confianza en nosotros mismos, reforzando nuestra creencia en nuestra capacidad para enfrentar y superar futuros desafíos.

Es importante, también, compartir estos logros con aquellos que nos apoyan. Celebrar nuestras victorias con familiares, amigos y colegas no solo nos permite disfrutar del éxito de manera más plena, sino que también fortalece nuestras relaciones y fomenta un ambiente de apoyo mutuo.

Compartir nuestros logros con las personas que nos rodean y nos brindan su apoyo es un aspecto crucial en el camino hacia el éxito. Al celebrar nuestras victorias con familiares, amigos y colegas, no sólo disfrutamos de nuestros éxitos de manera más completa y significativa, sino que también fortalecemos los lazos que nos unen a estas personas importantes en nuestra vida.

Cuando compartimos nuestros éxitos, estamos reconociendo el papel que otros han jugado en nuestro camino. Ya sea a través de su apoyo directo, sus consejos o simplemente su presencia y ánimo, los demás contribuyen significativamente a nuestras conquistas. Celebrar juntos crea un sentimiento de comunidad y gratitud, y refuerza la idea de que el éxito es, en muchos casos, un logro colectivo.

Además, al compartir nuestras victorias, inspiramos y motivamos a los demás. Nuestros éxitos pueden servir como un faro de esperanza y motivación para aquellos que también están luchando por alcanzar sus metas. Esto crea un ambiente de apoyo mutuo donde la celebración de los logros de uno se convierte en una fuente de fuerza y aliento para otros.

Esta práctica de compartir y celebrar juntos también fomenta la humildad y la conexión emocional. Nos permite mantenernos conectados con los que nos rodean y nos recuerda que, a pesar de nuestros logros individuales, seguimos siendo parte de una comunidad más amplia.

En síntesis, cada éxito en nuestro camino es un paso importante hacia la realización de nuestras mayores ambiciones. Estos logros son fuente de inspiración y motivación, y nos impulsan a continuar avanzando en nuestro viaje hacia el éxito. Al reconocer y celebrar cada uno de nuestros triunfos, nos preparamos para afrontar con mayor determinación y optimismo los desafíos que nos esperan en el futuro.

No obstante, es importante mantener un equilibrio. Mientras celebramos nuestros éxitos, también debemos mantener la humildad y la disposición para seguir aprendiendo y creciendo. El éxito no es un destino final, sino un viaje continuo, y cada logro es una estación en ese viaje, no el final del camino.

Celebrar nuestros logros es una parte esencial en el viaje hacia el éxito. Estas celebraciones nos permiten reconocer y valorar nuestro esfuerzo y progreso, compartir nuestra felicidad con otros y recargar nuestras energías para los desafíos futuros. Al apreciar cada victoria, no solo reconocemos lo que hemos logrado, sino que también nos preparamos para los éxitos que aún están por venir.

Evaluación y Ajustes: Revisar y modificar tus planes cuando sea necesario.

La evaluación y los ajustes son pasos esenciales en el proceso de alcanzar nuestras metas y aspiraciones. No es raro que, en nuestro camino hacia el éxito, nos encontremos con situaciones imprevistas o con desafíos que requieren una revisión de nuestros planes y estrategias. Esta capacidad para revisar y modificar nuestros planes cuando sea necesario es un signo de flexibilidad y adaptabilidad, cualidades imprescindibles para cualquier persona que busque alcanzar sus objetivos.

El proceso de evaluación comienza con una reflexión honesta y objetiva sobre nuestro progreso. ¿Estamos avanzando hacia nuestras metas? ¿Qué está funcionando y qué no? Esta revisión nos permite identificar tanto los éxitos como las áreas que requieren mejoras o cambios. Es importante abordar esta evaluación con una mente abierta y dispuesta a aceptar tanto los aspectos positivos de nuestro desempeño como aquellos que necesitan ajustes.

El proceso de evaluación es un elemento crucial en nuestro camino hacia el éxito. Comienza con una reflexión honesta y objetiva sobre nuestro progreso, una valoración crítica que nos pregunta: ¿Estamos realmente avanzando hacia nuestras metas? ¿Qué aspectos de nuestra estrategia están funcionando y cuáles no? Esta revisión meticulosa es fundamental para identificar tanto nuestros éxitos como las áreas que requieren mejoras o cambios.

En esta etapa, es esencial abordar la evaluación con una mente abierta y receptiva. Esto implica estar dispuestos a reconocer y celebrar nuestros logros, así como aceptar y aprender de nuestras deficiencias o errores. Cada elemento de nuestro desempeño, ya sea positivo o negativo, nos ofrece información valiosa sobre cómo podemos ajustar nuestras tácticas y estrategias para continuar avanzando de manera efectiva hacia nuestras metas.

Es importante recordar que la autoevaluación no es un ejercicio para autocriticarnos de manera dura o desalentadora, sino una oportunidad para crecer y mejorar. Al identificar lo que está funcionando, podemos fortalecer y capitalizar esos aspectos. De igual manera, al reconocer lo que no está dando resultados, podemos tomar medidas correctivas para reorientar nuestros esfuerzos.

Esta evaluación debe ser un proceso continuo, no un evento aislado. Debe integrarse regularmente en nuestra rutina, permitiéndonos hacer ajustes dinámicos y oportunos a medida que avanzamos. Al hacer de la evaluación una parte regular de nuestro proceso, nos aseguramos de mantenernos en el camino correcto y de ser ágiles y adaptativos en nuestra búsqueda del éxito.

Así que, la evaluación honesta y objetiva de nuestro progreso es un paso esencial en el camino hacia el éxito. Nos permite tomar un enfoque equilibrado para reconocer nuestros logros y abordar nuestras áreas de mejora. Al comprometernos con esta práctica de autoevaluación regular, nos equipamos con el conocimiento y la comprensión necesarios para realizar ajustes efectivos y seguir avanzando de manera constante y segura hacia la realización de nuestras metas y sueños.

Una vez identificadas las áreas que requieren cambios, el siguiente paso es realizar los ajustes necesarios. Esto puede implicar modificar nuestras tácticas, redefinir nuestros objetivos o incluso cambiar completamente nuestra dirección si la situación lo amerita. Los ajustes deben basarse en una evaluación cuidadosa de la situación actual y en una proyección realista de lo que se puede lograr en el futuro.

Estos ajustes no deben verse como un fracaso en nuestro plan original, sino como una evolución natural de nuestro proceso de crecimiento y aprendizaje. La capacidad para adaptarse a nuevas circunstancias y para reajustar nuestros planes demuestra una comprensión profunda de que el éxito es un proceso dinámico y no una línea recta.

Además, es crucial involucrar a otros en este proceso de evaluación y ajuste. Buscar feedback de mentores, colegas o incluso amigos puede proporcionar perspectivas valiosas que quizás no hayamos considerado. Este intercambio de ideas puede ser una fuente rica de inspiración y orientación para la toma de decisiones futuras.

La evaluación y los ajustes son componentes críticos en el camino hacia el éxito. Nos permiten mantenernos alineados con nuestras metas y adaptarnos a los cambios y desafíos que inevitablemente encontraremos. Al abordar estos pasos con una mente abierta, flexible y reflexiva, aumentamos significativamente nuestras posibilidades de alcanzar nuestras metas y de realizar nuestros sueños. Estar dispuestos a evaluar y ajustar es, por tanto, una habilidad esencial para navegar con éxito en el viaje de la vida y de la realización personal.

Inspirando a Otros: Ser un modelo a seguir para la comunidad.

Ser un modelo a seguir para la comunidad va más allá de alcanzar el éxito personal; implica inspirar a otros a través de nuestras acciones, valores y logros. Convertirse en una fuente de inspiración requiere autenticidad, compromiso y una voluntad genuina de contribuir al bienestar y al crecimiento de los demás. Cuando nos convertimos en ejemplos a seguir, no solo enriquecemos nuestras vidas, sino que también potenciamos el desarrollo de nuestra comunidad.

Inspirar a otros comienza con vivir de acuerdo con nuestros valores más profundos. Cuando nuestras acciones reflejan nuestras creencias y principios, nos convertimos en un faro de integridad y honestidad. Esta coherencia entre lo que decimos y hacemos es fundamental para ganar la confianza y el respeto de aquellos a quienes buscamos inspirar. A través del ejemplo, mostramos que es posible alcanzar metas significativas manteniendo firmes nuestros valores.

Además, inspirar a otros implica compartir nuestras experiencias, tanto las de éxito como las de fracaso. Al abrirnos y ser vulnerables sobre nuestros desafíos y aprendizajes, no solo humanizamos nuestra propia historia, sino que también ofrecemos lecciones valiosas que pueden guiar y motivar a otros. Esta transparencia fomenta una conexión más profunda y significativa con la comunidad, permitiendo que otros se vean reflejados en nuestra jornada y se sientan motivados a perseguir sus propios sueños.

Ser un modelo a seguir también significa fomentar activamente el potencial en los demás. Esto puede implicar mentorizar, ofrecer consejos y apoyo, o simplemente estar presente y escuchar. Al invertir en el desarrollo de los demás, no solo ayudamos a individuos a crecer, sino que también contribuimos al bienestar y progreso de toda la comunidad. Esta inversión en los demás es un poderoso acto de generosidad y liderazgo.

Finalmente, inspirar a otros requiere una constante búsqueda de crecimiento y mejora personal. Al continuar aprendiendo, adaptándonos y superándonos, mostramos que el desarrollo es un viaje continuo y que siempre hay nuevos horizontes que explorar. Esta actitud de crecimiento no solo enriquece nuestra vida, sino que también sirve como un poderoso ejemplo para aquellos que nos rodean.

En conclusión, ser un modelo a seguir para la comunidad es una responsabilidad y un honor. Al vivir con integridad, compartir nuestras experiencias, fomentar el potencial en los demás y comprometernos con nuestro propio crecimiento, podemos inspirar a otros a seguir sus propios caminos hacia el éxito y la realización. Ser un faro de inspiración no solo eleva a quienes nos siguen, sino que también agrega una profundidad y un propósito inmensos a nuestra propia vida.

Advertencia: Este libro está diseñado para proporcionar información y motivación para nuestros lectores. Se vende con el entendido de que el autor no se dedica a prestar ningún tipo de consejo psicológico, legal o ningún otro tipo de asesoramiento profesional.

Las instrucciones y consejos en este libro no pretenden ser un sustituto para el asesoramiento. No hay ninguna garantía expresa o implícita por elección del editor o del autor incluido en ninguno de los contenidos en este volumen. Ni el editor ni el autor individual serán responsables de los daños y perjuicios físicos, psicológicos, emocionales, financieros o comerciales.

Nuestros puntos de vista y derechos son los mismos: Tienes que probarlo todo por ti mismo de acuerdo con tu propia situación, talentos e inspiraciones. Eres responsable de tus propias decisiones, elecciones, acciones y resultados.

OTRAS OBRAS DEL AUTOR

- Hábitos que resaltan tu personalidad

- 13 Hábitos de la gente altamente eficiente

- En busca de la Superación Personal

- Cómo y porqué aprender a sublimar tazas y thermos

- El camino es la meta

- 13 Habits of highly efficient people

- Habits that highlight your personality

- Turismo de salud y bienestar

- Cuándo buscar consejería matrimonial

- La Inteligencia artificial al servicio de la humanidad

- Terapia de pareja cognitivo-conductual (TCC)

- Construye tu imagen de marca como autor

- Paz interior mediante meditación
- El Poder de los Hábitos Cotidianos
- Pasos para que sucedan cosas buenas
- Los Secretos de los millonarios
- Caminando con Cristo
- Plantar, Regar y Esperar en Dios
- Evangelismo- Un Viaje Espiritual
- Cómo encontrar tu pasión
- El síndrome del impostor y cómo superarlo
- Cómo ser autodidacta
- Ser positivo: Cómo ser más productivo y exitoso
- Cómo ser optimista
- Como crear un negocio de fabricación de Velas Aromáticas
- Cómo crear un negocio de fabricación de jabones artesanales

- Jardinería vertical para espacios pequeños

www.ingramcontent.com/pod-product-compliance
Lightning Source LLC
Chambersburg PA
CBHW021941120726
47992CB00001B/89